AF193047

NOVIOS 100%

Ediciones Palabra
Madrid

1ª edición, noviembre 2024
2ª edición, diciembre 2024
3ª edición, febrero 2025
4ª edición, septiembre 2025

Diseño de cubierta: Equipo editorial
ISBN: 978-84-1368-397-3
Depósito legal: M-23.781-2024
Printed in Spain - Impreso en España

PEP BORRELL

NOVIOS
100 %

CÓMO TIRAR LA CAÑA

CON ACIERTO

4ª EDICIÓN

PALABRA

Mercè, t'estimo.

ÍNDICE

PRÓLOGO DE MERCÈ

Cuando éramos jóvenes estudiantes, solíamos juntarnos con los amigos, algunas tardes de verano, para tomar algo en un bar del pueblo. Una tarde, al entrar, vi a dos chicos que no había visto nunca. Iban de barro hasta las cejas. «¿Cómo es posible que estén aquí tan sucios?». Era por la tarde, me causaron una impresión nefasta. No le di más importancia, no volví a verlos.

Unos meses más tarde, un amigo celebraba una fiesta en su casa. Llegué un poco tarde, y solo quedaba un asiento al lado de Pep, era el chico del barro. Qué palo, qué pocas ganas… me tuve que sentar a su lado. Música y mucho ruido, no me quedó más remedio que hablar con él… Ese día iba limpio, olía genial, bien vestido. Tenía buena conversación, hablamos muchísimo, de aficiones, de música… Le pregunté por el barro y me contó de su afición por el trial (en nuestro pueblo de veraneo había mucha afición a las motos), de sus salidas por la montaña y los caminos que rodean nuestra zona. Ese día, que le vi en el bar, venía de una excursión, acababa de llover, y por eso iba cubierto de mugre.

Me encantó. Quería conocerle más. Teníamos ese amigo en común, pero pocas posibilidades de volvernos a ver pronto, las vacaciones se terminaban y vivíamos en localidades distintas... ¿Cómo lo haría?

Me lo cruzaba algunos días, cuando iba al colegio. Yo montada en el bus, él pasaba en moto. Me sentaba en las ventanillas para poder verle. Y así fueron pasando los meses. Ese año, los dos terminábamos COU, teníamos que prepararnos para los exámenes de acceso a la universidad. Y pasó el milagro: aunque íbamos a colegios distintos, de distintas poblaciones, nos tocó hacer la selectividad en la misma universidad, en la misma facultad y en la misma aula. ¡Toma!

Nos encontramos un día por la calle, hablamos de la selectividad y le propuse: ¿Por qué no hacemos un grupo de estudio? Y así fue, nos reunimos seis o siete amigos varios días en su casa, para hacer el último repaso antes del examen. Nos examinamos prácticamente al lado, en aquella época no había asientos asignados.

Yo me las ingeniaba para verle...

Empezaron las vacaciones y llegó final de junio, la verbena de San Juan. Aquí lo celebramos muchísimo, es el despegue del verano. Volvimos a coincidir. Y poco a poco conseguí que me hiciera caso, Pep era de otra cuadrilla, no éramos del mismo grupo de amigos. A partir de la verbena empezamos a vernos con más frecuencia, a hablar de forma más asidua, a salir con amigos comunes... Hasta que finalmente decidió tirarse a la piscina y pedirme salir. Evidentemente le dije que sí y aquí estamos…

Fue un verano fantástico. ¡Qué bien lo pasamos!

Se presentaba un noviazgo largo, calculamos que serían nueve años para terminar los estudios que queríamos, finalmente fueron siete, la carrera de Medicina es larga y pudimos casarnos antes de hacer la especialidad. Durante esos años solíamos salir en grupo, lo pasábamos muy bien. Hubo muchos días buenos, y algunos menos buenos. Mucho tiempo para hablar, y hablamos de todo y más. Muchas risas y alguna que otra discusión, aunque la verdad es que no muchas. El balance fue siempre muy positivo. Yo nunca dudé que fuera el hombre de mi vida, jamás.

A Pep siempre le ha interesado mucho el tema del noviazgo y el matrimonio. Es más, cuando íbamos a casarnos se compró un montón de libros sobre el tema, pensando que eran para formarse. Y resultó que era una colección para formadores matrimoniales. En aquella época, en nuestras parroquias, no existían los cursos prematrimoniales como tal. Quedabas con un matrimonio mayor, responsable del tema, para tomar un café en su casa y hablar un poco. La señora estaba enferma y no hubo manera de cuadrar una cita. El sacerdote que nos casaba, buen amigo nuestro, nos dijo que no nos preocupáramos, que un día ya quedaríamos los tres para hablar un rato de las cosas importantes del matrimonio, y así lo hicimos. Nosotros teníamos ganas de formarnos mejor y con los libros que nos enviaron nos autoimpartimos un cursillo prematrimonial...Que superamos con nota, ja, ja, ja. Desde entonces, Pep no ha dejado de leer libros relacionados con el tema. Tenemos las librerías de casa repletas de libros de afectividad y matrimonio. El repartidor de Amazon viene a casa con frecuencia. Por eso digo que sabe mucho del tema, porque le apasiona, imparte muchas conferencias con su estilo muy directo, positivo y alegre. Este libro que tienes entre manos es igual, al leer parece que Pep te esté hablando directamente. Es de lectura fácil, muy ameno, apto para todos, solteros con novio/a o sin novio/a pero con ganas de encontrarlo/a.

Hemos disfrutado tanto en nuestro noviazgo y ahora todavía más en los treinta y cinco años que llevamos casados, que queremos que todo el mundo lo viva. No nos lo podemos callar.

Con quien te cases es, sin ninguna duda, la elección más importante de tu vida, te juegas tu felicidad y la de tu familia, hay que elegir muy bien y no solo con el corazón, también con la cabeza.

Estoy segura de que este libro os ayudará. A disfrutarlo.

Mercè

INTRODUCCIÓN

En España, el seis de diciembre es la fiesta de la Constitución, y el ocho, la solemnidad de la Inmaculada Concepción. Sí o sí hay un buen «puente» festivo, si además cae cerca del fin de semana, el «acueducto» está garantizado. Este año ha sido inmejorable, media España ha podido tener unos días de vacaciones. Nosotros aprovechamos para escaparnos al Valle de Arán, nuestro paraíso, un lugar precioso en los Pirineos que os animo a conocer.

Un buen plan familiar hay que aprovecharlo. Como era de esperar, se apuntan hijos, nietos y amigos, y en casa colgamos el cartel de «completo». La nevera está vacía, y al llegar es obligatoria la visita al súper. Mercè y yo llegamos los primeros y nos vamos al Mercadona (ni piñas ni historias), hay que llenar la despensa, que la montaña despierta el apetito y los veinteañeros comen que da gusto. Carro en mano, empezamos a recorrer los pasillos abarrotados, el súper no es muy grande, arriba y abajo nos cruzamos varias veces con un grupo de jóvenes con el carro lleno de cervezas. Cada vez que nos veían, nos miraban y se sonreían... Al llegar a las cajas registradoras, una chica del grupo (que estaban en la cola vecina) se acerca y me pregunta:

—Perdón. Eres Pep Borrell, ¿verdad?

—Sí.

—Es que el año pasado vi tu charla de «Cómo tirar la caña con acierto» en YouTube, me dejó pensativa y dudosa, recapacité y, después de darle vueltas al tema, decidí dejar al novio que tenía....

—¿De verdad? No eres la primera que me lo dice. De hecho sois muchos... Antes los contaba pero ya he perdido la cuenta, ¡un montón! Me sabe mal, pero señal de que quizá no convenía y la charla te despejó algunas dudas...

—¡¡Sí!! Estoy muy contenta, me di cuenta de que no podíamos seguir... Fue duro, llevábamos varios años saliendo, pero me alegro de haber tomado la decisión de dejarlo. Nuestra relación no tenía futuro. Por cierto, ahora salgo con este —dijo, señalando a un joven del grupo que, con una sonrisa de oreja a oreja, estaba muy atento a la conversación.

Le digo al joven:

—Me debes una cerveza...

A lo que me responde:

—Muchísimo más que una cerveza, te invito a cenar... Estamos encantados.

—¡¡Qué alegría!!

Entre las risas del grupo y la sorpresa de la cajera del supermercado, que alucinaba con la conversación, nos despedimos deseándonos unos felices días de descanso.

Y es que esta es la intención de este libro, no que lo dejes, faltaría más (a lo mejor, sí), pero sí que te pares y pienses, que te ayude a discernir, que te haga recapacitar.

También te puede pasar, y así lo espero, que después de leer el libro te decidas a «tirarle los tejos» a ese, esa, que llevas días o meses que no te sacas de la cabeza, que sientes algo pero no te decides a conocerle más, ¡venga! No te cortes. Saca la caña, el arpón de cuatro puntas, fuera vergüenza, ¡¡nada a perder y muchísimo a ganar!!

Te quiero ayudar a pensar, a decidir, no quiero darte ninguna lección, pero sí herramientas que te sirvan para tomar la decisión adecuada. No es un tema de tips o recetas, es un tema de descubrir el amor de verdad, la verdadera vocación al matrimonio.

Soy odontólogo, mi especialidad es la implantología dental, pero me apasionan los temas relacionados con el amor, el noviazgo, el matrimonio. El amor mueve al mundo, o debería moverlo, y sin ninguna duda es lo más importante que puedes dar y recibir en esta vida.

Te voy a contar otra anécdota, empezamos fuerte.

Haciendo amigos en Roma

Este verano tuve la suerte de pasar unos días de estudio y formación en la Ciudad Eterna.

Conocí a un hombre, veterano pero más joven que yo (o sea, jovencísimo…), con una vida apasionante. Entablamos amistad y me contó su historia. A mí me encantan las vidas de la gente, soy fan de los abuelos que cuentan sus historias, cuánto se aprende de los demás, de todos, qué importante y qué difícil es saber escuchar.

Él, norteamericano de nacimiento, se enamoró de la que sería su esposa, española, en un intercambio de estudios en Madrid antes de empezar la universidad. Estudió la carrera en los Estados Unidos, manteniendo un noviazgo totalmente a distancia, en una época sin internet, en la que la única manera de comunicarse era por carta, o por alguna llamada telefónica desde el fijo de casa que, cuando era al extranjero (conferencia), era carísima. Una vez graduado, se casaron y se instalaron en Madrid. Tiene una carrera profesional y personal brillante, ha sido director general en varias empresas importantes, no te diré cuáles porque le reconocerías. Actualmente participa en el consejo de administración en muchas de ellas. Yo no entiendo nada de negocios, y mi charla con él siempre versaba sobre la vida familiar y su exquisita formación humana. Me pareció una persona sumamente agradable y con una historia familiar apasionante: había vivido en infinidad de países, hablaba muchos idiomas...

De vuelta a casa, les comenté a mis hijos lo bien que lo había pasado y la cantidad de gente interesante que había conocido. Tenemos un hijo, Mateu, el cuarto, al que le apasionan los temas empresariales, es un ejecutivo en potencia. Pensé que le interesaría la historia de mi amigo y se la conté, no tardó ni un minuto en recurrir a LinkedIn para conocer su currículum profesional. Después de hacer el cotilla en las redes, me comentó que mi amigo era un empresario muy importante, un *crack*, que alucinaba con su historia profesional, y me preguntó si le podía pasar su teléfono para hablar con él. Se lo pasé, después de pedirle permiso. Se llamaron y quedaron que un día contactarían *online* para conocerse.

Pasados unos días, mi hijo Mateu me comentó que había hecho una videollamada con mi amigo y que habían tenido una conversación muy interesante.

—Papá, tu amigo es increíble, me ha encantado hablar con él, apasionante.

—Qué bien, cuánto me alegro, y ¿qué te ha dicho?

—Que la empresa más importante es MI MUJER, MI MATRIMONIO, que las demás empresas tienen la importancia que tienen, pero, donde hay que dar el callo, es en la familia, sobre todo en mi mujer, en aprender a amarla cada día más.

Sabía que ese hombre era un *crack*, pero con esto aluciné. Que un gran empresario, hablando de estudios y negocios con un chaval joven le insistiera tanto en la importancia del matrimonio, me pareció impresionante.

Es que es así. Nuestro matrimonio es el puntal de nuestra vida. Los que tenemos vocación al matrimonio, que somos la gran mayoría, debemos tener muy clara la importancia de escoger bien a la persona con la que compartiremos nuestra existencia, y no solo elegir bien, sino estar dispuestos a dar la vida por ella si fuera necesario. «Contigo hasta el cielo» y fíjate que digo tu matrimonio, tu marido, tu mujer, deben ser tu prioridad, te aseguro que si tu elección funciona y te trabajas tu matrimonio todos los días de tu vida, con la ayuda de Dios, pase lo que pase y repito pase lo que pase, serás una persona feliz y ¿sabes por qué? Porque la felicidad es amar y ser amado y eso es lo que pasa en el matrimonio, o debería pasar.

Como dice Sancho, el escudero de don Quijote:

«Quien acierta en el casar, ya no le queda en qué acertar».

Venga, vamos allá, espero que te guste el libro, lo disfrutes y, sobre todo, que te ayude a discernir.

Este libro sirve para todos, verás que hablo de Dios pero es que yo no puedo no hablar de Dios, soy católico, estoy convencido de mi fe, y me veo en la obligación de transmitirla, pero tranquilos, no os voy a pegar la chapa. Me esforzaré en transmitirla con mi forma de vivir, no pegando sermones en libros. Seguro que, pienses como pienses, sacarás ideas que te ayudarán en tu relación y espero que además te lo pases bien leyendo.

Te confesaré que soy malísimo escribiendo, si no fuera por Mercè y mis hijas Mariola y Judit que me ponen los puntos y las comas, morirías en el intento de leerlo, te faltaría el aire, no te dejo ni respirar. Tengo tantas ganas de contarte cosas, que me corre más la cabeza que la escritura. Vamos a intentarlo.

ANTROPOLOGÍA DE ANDAR POR CASA

El *border collie* de TikTok

Si has leído mi libro *Bailar en la cocina*, te parecerá que me repito. De hecho, estos primeros capítulos del libro son parecidos, pero es indispensable hablar un poco de antropología, de cómo somos las personas, para poder hablar de amor. Yo le llamo una antropología de andar por casa, porque hablo de un modo muy simple de algo que tiene una gran importancia y profundidad. En *Bailar en la cocina* hablaba del perro pijo de la calle Serrano, un perro blanquito, faldero, recién salido de la peluquería canina y paseado por una chica guapísima, con una correa Chanel. El perro pijo ve un charco asqueroso, en plena calle Serrano de Madrid, y si tiene sed, sí o sí, se mete de cuatro patas en el barrizal, con el consiguiente enfado de la rubia que lo llevaba de un blanco impoluto. Aquí también voy a hablar de un perro, pero en este caso un *border collie* viral que descubrí en TikTok.

Hace pocos días vi un vídeo con miles de reproducciones, la verdad es que te enganchaba (cómo perdemos el tiempo tantas veces en las redes sociales, esos vídeos que ves un segundo y no puedes dejar de ver el desenlace... y que cuando lo has terminado, te sale otro, y otro... no tiene fin, *scroll, scroll*...). El vídeo mostraba un bonito *border collie* sentado sobre una mesa, con el cuello erguido, ante un plato de carne. El propietario le repetía un «nooo» en voz alta cada vez que el perro bajaba un poco la cabeza con intención de comérsela, o al menos husmearla. En seguida te intrigaba saber qué pasaría con ese perro, y el suculento filete de carne que tenía enfrente. El hombre le repetía al perro: «No te lo comas hasta que vuelva, voy a salir de la habitación y cuando vuelva, te podrás comer el filete». Parecía que el perro escuchaba con interés y hacía caso a su propietario, incluso movía la cabeza de un lado al otro como asintiendo, parecía que lo entendía y te sorprendía cómo ante tal festín el perro se mantenía firme... El hombre, después de un buen rato adiestrando con palabras al perro, salió de la habitación y el perro.... se zampó el filete. En cuanto el propietario se levantó de la silla, no tardó ni un segundo... jajajaja. ¿Qué esperabas?

Sí, ya sé que los perros son muy inteligentes y muy sensibles, además de muy simpáticos y monísimos, pero lo que se llama voluntad, fuerza de voluntad, no tienen ninguna. Y es que los animales no razonan, la razón es inteligencia y voluntad y eso, por muy espabilado y simpático que resulte el *border collie*, o el perrito faldero de la calle Serrano, solo lo podemos hacer los seres humanos. ¡¡Solo nosotros, exclusivamente nosotros!!

Las personas somos animales racionales, capaces de sentir, pensar, razonar y decidir actuar en consecuencia.

Los seres humanos podemos comer o no comer, podemos decidir si el filete está en «su punto» o lo preferimos «vuelta y vuelta» («rare» para los *fashion*); podemos hacer dieta o podemos ser veganos; podemos, a diferencia del perro, decidir no beber un vaso de agua, por mucha sed que tengamos, porque sabemos que esa agua está podrida, podemos hacer lo que nos dé la gana, porque hemos sido creados libres, sí, libres, totalmente libres.

Creados a imagen y semejanza de Dios y, además, somos los únicos que nos sabemos creados o al menos los únicos que nos lo podemos plantear. Y ¿sabes algo importantísimo?, podemos verbalizar lo que nos pasa: podemos hablar, y hablar nos hace más libres, libres para decir la verdad o para mentir, libres para comprometernos, en definitiva, libres para amar.

Fíjate qué bien lo describe don José Fernández Castiella en su libro *El matrimonio, la gran invención divina* (Ediciones Cristiandad). Es elevado, ¿eh?, no te asustes, lee despacio:

> Dios creó el mundo hablando. Al principio, solo existía el caos y Dios puso orden expresando sus pensamientos en palabras: la luz; las aguas; el sol, la luna y las estrellas; los peces, las aves y los

animales terrestres; las plantas y los árboles fru-
tales, etc. Todo vino a la existencia por la expresión: «Y dijo Dios» (*Gn* 1, 3-26). Aunque se trata
de un relato metafórico, la enseñanza que contiene
es verdadera. La Palabra de Dios produce lo que
significa. Es decir, que cuando Dios dice «hágase»,
eso se cumple porque Él lo dice. Las cosas son porque Dios las dice. La Palabra de Dios es la expresión de Su voluntad. Su omnipotencia es incluso
capaz de crear seres a los que confiar Su obra.

Cuando crea al hombre, Dios continúa hablando y, porque Él lo dice, los humanos adquieren la
vocación de cuidar, dominar y llevar a plenitud
cuanto Dios había hecho (*Gn* 2, 19). Esto significa
que Dios ha dicho que hay una criatura a la que
ha dotado de palabra. El hombre también puede
decir. O sea, es capaz de poner nombre a las cosas. Puede conocer y querer. Esa capacidad supone
un riesgo para Dios, porque poder querer significa
también poder no querer. Es decir, que puede em-
plear la palabra en sentido contrario al querer divino. Dios conocía ese riesgo y lo asumió porque poder querer es también poder amar, es decir, poder
comportarse como hijo de Dios (...). El lenguaje es
un poder divino. Hablar no es solamente expresar
pensamientos —que ya es mucho—, sino también
establecer vínculos con personas y cosas e incluso crear cosas nuevas. La magnífica capacidad de
la palabra humana es que es capaz de producir lo

que significa. Esta es una descripción sintética de lo que es la libertad (...). La libertad es un poder que nos asemeja a Dios, como hemos visto. Pero no nos hace iguales a Él. Ahí está el engaño de Satanás.

Espectacular, me encanta, alucino leyéndolo.

Como dice el Evangelio de Juan: «Si vosotros permanecéis en mi palabra, sois en verdad discípulos míos, conoceréis la Verdad y la Verdad os hará libres» (*Jn* 8, 31-32).

Ser libres tiene que ver con tener palabra.

¡Buaaa!, increíble, vamos a aterrizar, que estamos en la estratosfera, y sigamos con la antropología de andar por casa explicada por un dentista.

Las personas somos libres porque somos capaces de amar, o dicho de otro modo, todos estamos llamados a amar, y para amar necesitamos ser libres. Debemos poder elegir a quién amamos. Somos libres para amar y «hablando» comprometernos.

Es emocionante pensar que hemos sido creados libres para hacer el bien con el riesgo de que tantas veces actuamos mal. El bien y el mal, un tema apasionante que actualmente no está de moda y que daría mucho que hablar. Parece que el bien y el mal son algo opinable, subjetivo y a gusto del consumidor, una idea fruto del relativismo imperante que nos domina desde hace años. Cosas de la libertad mal entendida.

Los seres humanos, animales racionales; sentimos, razonamos y actuamos. Toda la vida es buscar un equilibrio entre lo que sentimos, lo que pensamos y lo que hacemos. Esta idea la podríamos representar dibujando un corazón, que simboliza los sentimientos,un cerebro, que es la razón (inteligencia y voluntad) y cualquier parte del cuerpo que tengamos en común con los animales: un fémur o un estómago, qué sé yo.

Sentimos, pensamos y actuamos. Un bebé: siente poco, piensa poco o nada y no hace nada. De cualquier hermano vuestro entre seis y doce años, decís: «Mi hermano es un animal»: siente poco, piensa poco y no para quieto.

Llega la adolescencia, todo sentimiento: sentimos y actuamos, y por eso nos enamoramos mucho, nos enfadamos, somos íntimos amigos de alguien, luego dejamos de serlo... los sentimientos están a flor de piel y el cerebro no ha finalizado su maduración, ni fisiológica ni psicológica. Por eso los adolescentes no están capacitados ni preparados para tomar según qué decisiones, pero no por un tema político o burocrático, es un tema fisiológico, es que el cerebro no está formado, no está capacitado para tomar decisiones importantes que pueden comportar consecuencias para toda la vida.

Luego llega la madurez, la edad adulta, sentimos un montón, el cerebro ya se ha formado fisiológica y psicológicamente (unos más y otros menos, también hay que decirlo), pero estamos capacitados para, con nuestra inteligencia, discernir lo que queremos, o lo que nos conviene, y debemos tener la voluntad necesaria para llevarlo a cabo.

Finalmente llega la vejez, sentimos y pensamos muchísimo pero el cuerpo ya no da para hacer nada.

Toda la vida es un equilibrio entre lo que sentimos, lo que decidimos (razonamos) y cómo actuamos, desde que nacemos hasta el día que nos muramos, no hay otra.

Nuestro cerebro, y concretamente la corteza prefrontal, zona del cerebro situada detrás de la frente involucrada en la toma de decisiones, es el órgano que finaliza su desarrollo y maduración más tarde, pasados los 20 años. A ese desarrollo fisiológico lento se le añade la evolución psicológica que cada uno haya recibido desde que nació: el entorno familiar, el amor recibido y vivido en la familia cercana y amplia, la imagen materna y paterna, su ejemplo, dónde vivimos, la escolarización, los amigos, los estudios, el trabajo, los profesores y mentores, la formación profesional recibida... infinidad de parámetros que nos afectan y que cada vez sabemos que tienen más repercusión en la conducta de las personas adultas, las famosas heridas del pasado tan frecuentes hoy en día, sobre todo los déficits de amor en ese periodo básico de la infancia que tienen una consecuencia directa en el devenir de la persona.

Actualmente se habla un montón de sentimientos, de la importancia del sentir, de si siento o dejo de sentir, y es evidente que los sentimientos son importantes, pero ¿tanto? ¿Son determinantes? ¿No será que hemos pasado de un extremo al otro, como siempre?

De una sociedad exageradamente racionalista, en la que todo se decidía por la razón, sin prestar atención a los sentimientos, a una sociedad romanticista, o peor, sensacionalista, donde lo único que importa es cómo te sientes o te dejas de sentir, y de lo real, de lo concreto… poco, vamos sobre la marcha...

La sociedad te dice: «Tú siente, siente y, cuando dejes de sentir, a por otro». Muchas veces se dice, equivocadamente: «El amor no dura» o «dura lo que dura». «No puedo seguir con alguien por el que no siento nada», «me gustaría sentir como al principio», «ya no siento nada por ti», «quiero sentir algo», ¿qué sientes?, «ahora siento algo por otro»...

EL SENTIMIENTO VA Y VIENE, LA VOLUNTAD DE AMAR ES LO REALMENTE IMPORTANTE

Sí, vale, muy voluntarioso, pero ¿amar sin sentir?... Hay una canción, de Hakuna Group Music, *Colombia*, que dice: «Amar sin sentir, eso sí es amar», pero hace referencia a un amor espiritual, a amar a Dios sin verle ni sentirle... ¿Pero podemos amar a una persona sin sentir? Creo que darle vueltas a esta pregunta nos servirá para valorar la importancia del sentimiento, del tan afamado sentir. Es evidente que hay que sentir, que es bueno sentir, necesario, pero, como dice la misma palabra, valga la redundancia, sentir es un sentimiento, y, como tal, va y viene. Habrá días, épocas, en las que sintamos más, y otras en las que menos. Pienso que este es un tema básico para empezar a hablar de «tirar la caña». El sentimiento es indispensable, es más potente al principio, pero como tal va y viene. Lo que hay que hacer es trabajar la voluntad de amar, y esforzándonos en amar, y en amar bien, el sentimiento vuelve y vuelve, y se va y vuelve a venir. Unas veces potente, otras veces sutil, pero con los años mejora, sí, aunque te parezca imposible. Pero una condición importante: te lo tienes que «currar». Trabajando el amor, aumentará el sentimiento, no hay que esperarlo o soñarlo como quien espera a los Reyes Magos, vamos a ver si me traen sentimientos...

En una sociedad «sensiblera», donde solo valoramos el amor según lo que sentimos, y donde las palabras «compromiso», «esfuerzo», « sacrificio» (sí, sacrificio), «templanza», «virtud», «coherencia», «fe»... están en desuso, os aseguro que es en estos términos y situaciones donde está la felicidad, donde está el éxito de los matrimonios que deseamos. Esforzándonos en amar sentiremos, y sentiremos más y mejor, te lo aseguro.

Yo me casé hace 35 años con la chica más guapa de mi pueblo, sin ninguna duda, sigue siendo guapísima y es una pasada de buena. ¿Sabéis qué? Hay días que me gusta menos... y ella sigue estando preciosa, además, siempre está impecable, ¿cómo puede ser? Sin ninguna duda soy yo el que ese día estoy «borde».

No te dejes guiar exclusivamente por los sentimientos, ten claro que hay días buenos y hay días malos, la vida no son «flors i violes» (expresión catalana que significa: todo de color de rosa), disfruta de los días buenos... y, los malos, acuéstate temprano. No te dejes vencer por los sentimientos.

Los *likes* y las imágenes de abuelos felices

¿Tú quieres muchísimos *likes* en una publicación de Instagram? Cuelga un *reel* de una pareja de abuelos que se quieran, que bailen, que se acaricien... No falla, tienes los *likes* asegurados: miles. Recuerdo un vídeo que se hizo viral: era una pareja de abuelos en el tren, la abuela tenía una *tablet* encima de la mesa donde los dos miraban una peli, el abuelo le pasaba el brazo por el cuello y le iba acariciando la «chepa pronunciada» (joroba) mientras disfrutaban del vídeo. Se la acariciaba de una manera sexi, muy cariñosa... La imagen enternecedora tenía cientos de comentarios, miles de «me gustas»... Porque la gran mayoría queremos eso, aunque algunos se hagan los duros y te digan que no, todos deseamos un amor que dure toda la vida, un amor que esté por encima de los años, los achaques, las arrugas, las «chepas» y los dolores, un amor de verdad... ¡Estamos pensados para eso!

Pero eso no es gratis, no viene solo ni es fruto de la casualidad. Un amor para toda la vida requiere infinitamente más amor que sentimiento, más esfuerzo que pasotismo, requiere ante todo LA FIRME VOLUNTAD DE QUERERLO.

¿Qué nos pasa? Que una cosa es lo que deseamos y otra, muy distinta, lo que hacemos para conseguirlo.

Tomamos el tren en Madrid dirección Bilbao queriendo ir a Sevilla, y no solo eso, sino que nos llenamos la boca, ya dentro del tren en dirección norte, hablando de las maravillas del sur, y los deseos de ir al sur y que no hay nada como Sevilla, mientras el tren inexorablemente va a Bilbao. No tengo nada en contra de Bilbao ni de Sevilla, todo lo contrario, son ciudades que me encantan, pero es evidente que si estás montado en el tren hacia Bilbao, sí o sí llegarás a Bilbao, y te puedo asegurar que no llegarás a Sevilla, por mucho que lo desees y que te encante el flamenco.

Queremos un matrimonio para toda la vida, lo deseamos, y no hacemos nada para conseguirlo, o lo que es peor, hacemos todo lo contrario. Lo sabemos y disimulamos, nos hacemos los «suecos» (perdón, suecos), nos hacemos los despistados o, como tantas veces, sobre todo en estos temas en los que hay que ir contracorriente para conseguirlo, los respetos humanos, el ambiente, el «qué dirán» nos pueden, y no somos capaces de decir y hacer lo que sabemos que debemos hacer: bajar del tren en la próxima estación y subirse al que vaya en dirección contraria.

Esperamos, soñamos con ese amor, con esa familia, deseamos que llegue como por arte de magia o pensando que es como la lotería, o como los pimientos de Padrón: unos pican y otros «non». ¿Vamos a ver si hay suerte en eso del matrimonio?... ¿a ver si nos toca la lotería?... ¿a ver si acertamos...? Este nunca debe ser el planteamiento.

Está claro que no lo podemos controlar todo, pero sí debemos y podemos poner todo de nuestra parte para conseguirlo. Luego la vida es tan rica y tan variada, que aparecerán mil cosas no controlables y difíciles, que pueden echar al traste nuestra intención, pero que no sea porque nosotros no lo hemos intentado.

De entrada, no te conformes con cualquiera. Para eso está este libro, para ayudarte a pensar cómo afrontar un noviazgo: no solo para divertirse, que también, sino con intención de éxito, para que llegues a los noventa y os podáis acariciar las jorobas respectivas.

Ya os he dicho que me encantan las historias personales, confieso que soy un poco cotilla, y me gusta preguntar a esos abuelos que llevan un montón de años casados. ¡Abuelos, cuéntenme! Y puedes tener muy claro que la inmensa mayoría no han tenido vidas fáciles, que han pasado temporadas difíciles, muchas veces, largas temporadas, que han tenido que superar situaciones personales, familiares, laborales muy serias, pero todos coinciden en lo mismo. «Qué felices y orgullosos estamos de haberlo hecho juntos». «Cómo nos hemos ayudado el uno al otro a superarlo». «Si no fuera por ti...». Siempre debes empezar un noviazgo con esa ilusión, con el objetivo de «para toda la vida». Si después no triunfa, no pasa nada; para eso está el noviazgo, para intentarlo, pero NO EMPIECES UN NOVIAZGO SI NO ESTÁS ILUSIONADO, si no sueñas a lo grande, si no te imaginas con el otro viendo pelis en la *tablet* con ochenta años.

LAS FASES DEL AMOR

Vamos a entretenernos un poco en este tema que sé que os interesa y es un tema muy importante. No es fácil determinar unas fases claras del amor, cada relación es un mundo, hay tantas fases, pasos, etapas y situaciones como parejas. Unos amores son flechazos de película, otras veces las famosas mariposas no aparecen por ningún lado, y otras, después de tiempo de conocerse, surge una relación más razonada y menos espontánea. O sea, que estas fases nos pueden servir de orientación, pero en amor no hay nada escrito, dos y dos no son cuatro, es más, acostumbran a ser ochenta y cuatro. Hablando de sumas, ¿sabes una cosa?: en el matrimonio; uno más uno son UNO... ahí lo dejo.

Para mí, las fases del amor son tres: atracción, enamoramiento y amor. El otro día se lo pregunté a ChatGPT y coincidimos, también dice que son tres, él las llamó: atracción inicial, conexión emocional profunda y compromiso a largo plazo. Después se lo volví a preguntar y me dijo cuatro y con otros titulares... Como en la mayoría de escritos sobre estos temas, utilizan términos rimbombantes. A mí me gusta ser mucho más simple y claro, los llamo: ATRACCIÓN, ENAMORA-

MIENTO y AMOR, lo de siempre, vaya. Reconozco que soy muy simplón, pero ¿por qué tenemos la manía de hacer complicadas las cosas que son sencillas? **KISS:** *Keep It Simple, Stupid* será la norma de este libro.

Esta es la gracia de escribir sobre amor, es un tema tan subjetivo y apasionante que puedes decir lo que te dé la gana. En amor hay mucho escrito pero no hay ningún dogma; bueno, yo me atrevería a decir que hay uno: decide bien, y una vez te comprometas para siempre, a partir del día de la boda, ¡¡¡dalo todo!!!

Vamos a desarrollar las fases del amor.

La atracción

La atracción es una primera fase que hace que una persona despierte tu interés. Es una fase más física, claro que no exclusivamente, pero es difícil que te resulte atractiva una persona que te cause repelús.

Conozco a un matrimonio que el marido estuvo cinco, sí, cinco años detrás de la chica y a ella no solo no le gustaba, sino que le resultaba feísimo; con los años se casaron y llegaron a cumplir las bodas de oro, los cincuenta años de matrimonio, con un montón de hijos y nietos. No te rindas...

Como ha contado mi mujer en el prólogo, cuando yo era adolescente, la verdad, reconozco que no era un adonis, medía más de metro noventa de estatura, era muy delgado y tenía un buen cabezón, además un acné brutal, en la época que no existía el Roacután, no tenía granos, no, tenía forúnculos. Chupa Chups Cara Cráter era mi apodo, mi tarjeta de presentación en la etapa en que el ligoteo está a la orden del día.

Con ese perfil me enamoré de la chica más guapa, sin ninguna duda, Mercè, y ella se enamoró de mí, ¡¡increíble!! Estoy seguro de que no se enamoró de mi cutis; la suerte es que las mujeres os fijáis en muchas más cosas que los varones, que somos mucho más simples, y muchas veces más inmaduros.

Son muchas las características o atributos que hacen a una persona atractiva, muchísimos… y además, para gustos, colores. Es un tema tan subjetivo que las que me gustan a mí, no te gustan a ti y los que te gustan a ti, no le gustan a tu prima.

Hay dos cosas, entre muchas, que hacen a una persona muy atractiva, estas no fallan, apunta: el ser AUTÉNTICO y el ser SERVICIAL.

Cuando queremos ligar, habitualmente lo hacemos muy mal, y queremos aparentar lo que no somos: nos queremos hacer los *fashion* cuando somos unos «cutres», o los deportistas cuando no hemos hecho deporte en la vida. Nos compramos una pala de pádel para llevarla bajo el brazo, cuando no hemos pisado nunca una cancha. Aparentamos ser ricos cuando no tenemos ni un euro... Queremos aparentar lo que no somos para impresionar, y debemos hacer todo lo contrario, debemos ser AUTÉNTICOS, de verdad. Como dice mi amigo Jokin de Irala, el ser auténticos nos hace imán y barrera (creo que él le llama filtro). Si eres auténtico, atraerás a gente a la que le interesa tu manera de ser, y al mismo tiempo hará de barrera para aquella persona que no quiere un tipo de persona como tú. Y lo tendrá claro desde el primer momento, sin rodeos.

Hemos de mostrarnos realmente como somos, sin aparentar, sin «postureos». Coherentes con nuestra manera de ser. Una persona coherente es sumamente atractiva. Esto sirve para las redes sociales: no tires exageradamente de filtros ni de «photoshop»: elige tu mejor foto, está claro, pero que sea real, confundiendo al personal no te haces ningún favor.

Otro atributo que hace a alguien muy atractivo es el servicio. Ser SERVICIAL no está de moda, todo el mundo quiere ser servido y pocos quieren servir. Aquel que se esfuerza por servir a los demás se hace realmente atractivo: el/la que organiza, que recoge, que va a buscar lo que falta, que siempre está dispuesto a ayudar: «¡Falta hielo!». «Ya voy yo».

Si te sientes «feíllo», poco agraciado, ya sabes; hay que ser muy auténtico y muy servicial, mis amigos más guapos (cuando éramos jóvenes) siguen solteros, y sin embargo eran los que más ligaban en aquella época. ¿Sabes algo muy importante? No hay nadie feo, nadie.

El servicio es algo fundamental y será imprescindible cuando nos casemos porque un «vete a echar la siesta que ya recojo yo la cocina» vale oro; mucho más que decirle a tu pareja que la quieres trescientas veces, porque el amor se demuestra con hechos, las palabras se las lleva el viento. ¡A servir!

Puede acabar siendo muy atractiva una persona que de entrada físicamente «ni fu ni fa». En el curso prematrimonial a parejas de novios de nuestra parroquia, antes de empezar las sesiones, siempre les pedimos una presentación extensa, con detalles: cómo se conocieron, cuántos años llevan saliendo, qué les resultó atractivo el uno del otro... El otro día, en la primera sesión para ocho parejas, una chica con mucha gracia nos explicó a todo el grupo que su futuro marido le había resultado «transparente» durante muchos años. Se conocían desde hacía tiempo, eran del mismo grupo de amigos, pero ella decía que Juan le resultaba invisible; eran amigos, pero nunca se había fijado en él, a ella le gustaban otro tipo de hombres muy distintos. Un día en una quedada con la pandilla no se presentó nadie (no sé si fue un «montaje» de Juan, que sí que tenía ojos para ella y además es un tipo muy inteligente), así que pasaron la tarde los dos solos: hablar, reír, pasear, tomar algo... lo pasaron genial y, a partir de ahí, no solo el «transparente» se le «apareció», sino que con los días empezó a encontrarle realmente atractivo e interesante, y allí estaban, haciendo el cursillo previo al matrimonio, una maravilla.

No cierres los ojos nunca, como dice mi amiga Lucía Martínez Alcalde: «Ir a tomar un café no es una propuesta matrimonial». Conoce gente, muévete, pero muévete de verdad, si tienes tu terreno «trillado», hay que cambiar de entorno, de bar, de parroquia, de barrio o incluso de ciudad. El arcángel san Gabriel se apareció una vez pero dudo que llame a tu puerta. Pídeselo, si quieres, al mismo arcángel, pero no te quedes en casa esperando al príncipe azul, porque no existe y, si existe, ya tiene novia.

Una vez le oí contar a una grande de la afectividad, María Álvarez de las Asturias —que por cierto junto con Lucía tienen un buen libro que os recomiendo: *Más que juntos. Cómo disfrutar del matrimonio desde el sí, quiero* (Palabra)—, una anécdota simpática sobre este tema. Ella comparaba el hecho de buscar pareja con la idea de encontrar piso en una página de internet. Si tú vas a buscar piso en cualquiera de los portales de compra-venta *online* y empiezas a poner filtros y más filtros, cada vez las posibilidades son menores, y la búsqueda resulta imposible. Quiero un piso en Barcelona, cientos de pisos; con vistas al mar, pocos pisos; además con cuatro habitaciones, menos todavía; con piscina, cinco; y que sea por menos de trescientos mil euros... cero resultados... no existe, es imposible. Hay que poner pocos filtros, solo los importantes, esos sí, pero después, a moverse, a patearse las calles para conocer opciones. Si no te mueves, no encuentras ni piso ni novio. ¿Y cuáles deben ser los filtros más importantes? Lo iremos viendo a lo largo del libro, pero de entrada cárgate las pilas y disponte a moverte, pero de verdad. Si siempre haces las mismas cosas y te mueves por los mismos sitios, te verás con la misma gente y se reducen muchísimo las posibilidades de conocer a alguien. Tienes el terreno trillado, conocido, no da para más... muévete.

«Si siempre haces lo mismo, te ocurrirán las mismas cosas», dijo con razón Albert Einstein.

Hace años, todavía no existían las tecnologías actuales (¡sí! vivíamos sin móvil, sin internet, ni WhatsApp, para comunicarnos solo teníamos el teléfono fijo y el correo postal... jajaja, y tampoco hace tantos años), recuerdo a una amiga a la que su madre le insistía en que se enamorara de alguien del barrio, o como mucho, de su ciudad. Era una ciudad pequeña, todos conocidos; además, ella es una buena católica y quería encontrar a alguien que compartiera su forma de vivir: este era su único filtro importante pero intocable. La mamá era tan pesada con el tema, que la hija le hizo una lista, papel y boli, de los posibles candidatos con nombres y apellidos, para demostrarle, a la madre pesada, que las posibilidades en la ciudad, a no ser que llegara alguien nuevo, eran imposibles. Se acabó casando con un chaval de la otra punta de España que le presentó una amiga común y son muy felices.

Esa persona que te resulta atractiva puede, o no, que un día te enamores de ella.

Muchas veces, estas fases no son tan claras y se confunden: puede que de entrada te enamores locamente; puede que alguien que te parecía muy atractivo, de repente, por lo que sea, te deje de interesar... Sí, es bastante complicado, en temas de amor no hay nada escrito...

Pero hay una etapa muy clara que la gran mayoría hemos vivido alguna vez en la vida y que es una pasada: el enamoramiento, el famoso y loco enamoramiento, vamos a por él.

El enamoramiento

¡Bendito enamoramiento…! Cuántos quebraderos de cabeza, cuánta novela, cuánto cine…

El enamoramiento te viene. Esta debe ser la idea principal cuando hablamos de enamoramiento.

Mucha gente el jueves, el viernes y el sábado por la noche, antes de salir de fiesta, piensa o tiene la intención: «Hoy me voy a cepillar a alguien». Es triste, pero es así: «A ver qué pillo esta noche»… Pero nadie, nadie, nunca, puede decir: «Hoy me voy a enamorar». Es muy bonito pensarlo, dale una vuelta a tu cabeza: el enamoramiento te viene, unas veces muy potente y otras veces menos, pero para enamorarte solo puedes hacer una cosa: PONERTE EN SITUACIÓN DE ENAMORARTE. Si no sales de casa, no te vas a enamorar. Hay que salir, repito, hay que moverse, y mucho, para encontrar a alguien del que nos podamos enamorar.

El enamoramiento es puro sentimiento, un sentimiento propio, «yo estoy enamorado», «yo me siento bien». Puedes estar locamente enamorado de alguien y estar feliz, radiante, sin que, de entrada, el otro te corresponda. Te has cruzado por el pasillo de la *uni*, habéis intercambiado unos apuntes y quizá incluso habéis tomado unas cervezas… te encanta y sientes que estás profundamente enamorado de aquella persona que todavía no conoces bien, y que, además, puede que no seas correspondido. Ya llegará el bajón cuando te diga que no; pero, de entrada, tú estás feliz, porque dentro de ti ha nacido un sentimiento potente, una descarga hormonal que te hace sentir muy, muy bien.

¡Qué bien se está cuando uno está enamorado! y... qué poco controlable es el enamoramiento.

Este sentimiento fantástico, muchas veces, muy potente, hay que pasarlo por la cabeza. No es fácil, porque el enamoramiento nos ciega y no nos deja ver la realidad, pero es importante pensar, decidir si ese enamoramiento te conviene o no te conviene. Pienso que este es un momento crucial: cuando te enamoras de alguien, en esa temporada de subidón hay que parar y pensar (sentimientos, inteligencia y voluntad): ¿ME CONVIENE?... Esta es una pregunta fundamental que no es fácil hacerse, porque es ir un poco en contra del sentimiento que te invade. Cuántos jóvenes me escriben: «Pep, me he enamorado de uno/a que no me conviene nada» y yo les doy un «me gusta» y les digo que me alegra que se estén planteando la pregunta importante, no están cegados por el tropel de hormonas que les influyen en ese momento. Vamos bien, sabes que no te conviene; otra cosa será la decisión que tomes y que solo tú puedes tomar.

La situación contraria también es frecuente: «Uno/a que pienso que me convendría y además me parece que le gusto, pero... no me enamoro». ¿Qué hacemos? Ahí está el tema, podemos escribir y hablar de afectividad sin fin pero el tema siempre es el mismo: hay que saber distinguir, o al menos esforzarse en hacerlo, DISTINGUIR EL SENTIMIENTO DE LA VOLUNTAD DE AMAR. Qué siento versus qué decido hacer.

Si no somos capaces de distinguir el sentimiento de la voluntad, nos será muy difícil movernos en el campo de la afectividad.

Os voy a contar una historia muy *heavy*:

Julián y María habían sido novios ocho años. Tenían, desde el principio, intención de casarse. Pero por dificultades verdaderamente importantes siempre retrasaban el matrimonio. Decidieron irse a vivir juntos, parece que es el deporte nacional (ya hablaremos del tema). Las situaciones problemáticas se van solucionando, todo empieza a ir mejor, Julián insistía en tener un hijo, a lo que María le contestaba que primero quería casarse para formalizar la relación. Total, que empezaron a tramitar el papeleo de la boda, el famoso expediente. Entre tanto, ella se quedó embarazada: todos contentos. Parecía que el sueño familiar se vería cumplido: piso, trabajo, trámites de matrimonio en marcha. Cuando faltaban pocos meses para dar a luz, y antes de casarse, el novio va y se enamora de otra. Sí, lo que oyes, se enamoró ciegamente de otra chica. Parece increíble, la realidad supera la ficción. Hablé con Julián: «¡Pero hombre! ¿Qué haces? ¡¡Recapacita!!». A lo que él me contestaba: «No puedo, Pep... no puedo luchar contra los sentimientos», y seguía: «No lo entiendo pero es así, nunca me lo hubiera imaginado, estoy confuso, no sé lo que me pasa, pero es demasiado potente lo que siento por esa chica» (la otra)... Increíble.

Vivimos en un mundo que le da demasiada importancia a los sentimientos, «siento o dejo de sentir», donde la voluntad, el esfuerzo, el sacrificio, no forman parte del vocabulario de muchas personas, que solo piensan en sí mismas y en el presente, sin ninguna perspectiva u horizonte más allá del ahora. Somos capaces de sacrificarnos y esforzarnos para hacer dieta, para estar más «cachas», para conseguir metas deportivas: horas de gimnasio, ultramaratones... sin embargo, no somos capaces de tomar decisiones, que también requieren esfuerzo, pero que son infinitamente más importantes y que condicionarán nuestra vida y la de todos los que nos rodean. Nos jugamos la felicidad y no lo valoramos. Nos metemos en unos berenjenales...

Parece imposible que un «calentón» lleve a una persona a destrozar una familia, todo un proyecto de vida, infinidad de esfuerzo en común. Demasiadas veces es así, en un momento, todo un proyecto vital se destruye, una lástima.

El amor hacia adelante no tiene límites, es eterno, no hay un tope de amar, siempre podemos amar más y mejor. Sin embargo, el amor para atrás, romper el amor, es un segundo, un portazo, un «ahí te quedas», pooom...

Entonces: ¿debemos hacer caso a los sentimientos? ¿Debemos dar rienda suelta a lo que sentimos, a lo que nos apetece?, ¿o debemos pasarlos por la cabeza? Sentimiento, razón, inteligencia y voluntad...

Por supuesto que hay que escuchar a los sentimientos, a veces tenemos que trabajarlos, y sí, a veces debemos luchar contra ellos. Los sentimientos van y vienen, pero la decisión de amar es fruto de la voluntad, yo decido amarte a ti y por eso cuando los católicos nos casamos por la Iglesia y para siempre, podemos comprometernos. Porque YO ME PUEDO COMPROMETER A AMAR, PERO NO ME PUEDO COMPROMETER A SENTIR. Esto hay que tenerlo muy claro y no puedes pasar de página si no ves muy clara la diferencia entre sentimiento y voluntad, ¿no lo ves claro?, yo tampoco, porque no es fácil. ¿Cómo puedo amar a una persona por la que no siento nada? o ¿cómo puedo no amar a una persona por la que siento algo increíble?

El amor siempre ha sido algo complicado, pero se resume en dos términos básicos: LIBERTAD Y VOLUNTAD.

En estos temas, la decisión solo la puedes tomar tú. Dios nos creó libres, lo hemos visto, totalmente libres, pero es imprescindible que nos formemos bien para saber tomar las decisiones adecuadas y con voluntad, no sin esfuerzo, actuar con la mirada siempre puesta en un objetivo (esto va para los creyentes): llegar al Cielo. Ser felices en la tierra para ser eternamente felices, de verdad y para siempre, en el Cielo. Bueno, para los no creyentes, también, porque al Cielo debemos llegar todos.

Entonces, ¿qué hacemos? ¿Cómo tomamos las decisiones en temas de amor? ¿Con la cabeza o con el corazón? ¿Solo con la cabeza y actuamos como un robot, además aburridos y calculadores? ¿O solo con el corazón y somos unos eternos adolescentes, como mi amigo Julián? El dilema está servido y escucharemos tantas soluciones como personas y relaciones hay en el mundo. Por eso es muy importante formarse en este tema, por eso es tan necesario saber hacia dónde vamos, a dónde queremos llegar, qué queremos hacer con nuestra vida, ¿qué tipo de vida queremos vivir? ¿Estamos dispuestos a esforzarnos o solo pensamos actuar según nos plazca? ¿Queremos formar una familia o queremos ser *single forever*? Tú decides, tú debes tomar la decisión, nadie la puede tomar por ti. ¿Qué hago? ¿Qué quiero? Pregúntatelo.

La respuesta está clara, hay que actuar con la cabeza sin descartar el corazón (menudo lío), incluso me atrevería a decir más razón que sentimiento, pero no sé en qué porcentaje y tampoco sé cómo calcularlo.

Hay que esforzarse en amar y si te lo trabajas, si os lo trabajáis, el enamoramiento se mantiene, y, si ha desaparecido, trabájatelo, que vuelve, y más potente si cabe. Muchas veces no será fácil, y pasaremos temporadas más o menos difíciles, como la vida misma, pero si cada día (sí, cada día) nos esforzamos por hacer la vida más agradable a los que tenemos a nuestro alrededor, seremos felices y sentiremos y nos emocionaremos; incluso llegaremos a llorar de alegría cuando, con el paso de los años, veamos los frutos. Si solo nos movemos por sentimientos y motivados por una satisfacción inmediata, te aseguro que a largo plazo también llorarás, pero de amargura, y sin nadie a tu lado que te seque las lágrimas. Hemos de saber pasar del YO me siento bien, al «me voy a desvivir por hacer lo posible para que TÚ seas feliz», y esforzándonos por hacer feliz al otro, nos sentiremos bien, muy bien.

Y ahí está la diferencia entre el enamoramiento y el amor, en el cómo me siento versus cómo me lo «curro», con alegría, para que TÚ te sientas bien.

Si no estás dispuesto a sufrir, no estás preparado para amar.

Vamos a hablar del amor.

El amor

El amor es mucho más que un sentimiento, es un sentimiento razonado, es una decisión, el enamoramiento soy YO, el amor eres TÚ. El amor es querer el bien del otro, es «quererte a ti independientemente de cómo esté yo».

El amor es voluntad, es voluntad de amar, es el famoso «querer querer». A mí me gusta más «querer amar», aunque el juego de palabras pierda la gracia.

El enamoramiento te viene, el amor te lo trabajas, el amor es «pico y pala», pero un «currárselo» agradable, alegre, entregado y… a la vez, no exento de dificultades.

No nos casamos porque nos amamos, que evidentemente también, sino que nos casamos para amarnos toda la vida.

«Es feliz el hombre que se casa con la mujer a la que ama, pero es mucho más feliz el hombre que ama a la mujer con la que se ha casado», G.K. Chesterton.

Para mí, la mejor definición de amor es la que describe san Pablo en la famosa Carta a los Corintios, utilizada como primera lectura en tantísimas bodas. Vamos a recordarla:

> Aunque yo hablara todas las lenguas de los hombres y de los ángeles, si no tengo amor, soy como una campana que resuena o un platillo que retiñe.

> Aunque tuviera el don de profecía y conociera todos los misterios y toda la ciencia, aunque tuviera toda la fe, una fe capaz de trasladar montañas, si no tengo amor, no soy nada.

> Aunque repartiera todos mis bienes para alimentar a los pobres y entregara mi cuerpo a las llamas, si no tengo amor, no me sirve de nada.

> El amor es paciente, es servicial; el amor no es envidioso, no hace alarde, no se envanece, no procede con bajeza, no busca su propio interés, no se irrita, no tiene en cuenta el mal recibido, no se alegra de la injusticia, sino que se regocija con la verdad.

El amor todo lo disculpa, todo lo cree, todo lo espera, todo lo soporta.

El amor no pasará jamás.

1 Corintios 13, 1-8

Y ahora, respira hondo, vuelve a leer el pasaje muy lentamente, cierra los ojos un rato... ALUCINA.

Esta bellísima definición del amor, para mí es LA DEFINICIÓN. Requiere esfuerzo, requiere virtudes que solo se adquieren a base de trabajo y dedicación.

Ser paciente, bondadoso, no ser envidioso, ni presumido, no ser egoísta, ni engreído, no irritarse, ni ser quisquilloso, ni injusto... No es fácil, nada fácil, tiene tela, mucha tela, hay que esforzarse y rectificar la actitud siempre y fallar y recomenzar... pero nada de esto se consigue solo a base de sentimientos, o esperando en el sofá. En el amor, o te esfuerzas constantemente, o no hay manera; pero si de verdad lo intentas, sabiendo que es un trabajo que dura toda la vida, la recompensa es inenarrable, es la felicidad en esta tierra, es saborear un trocito de cielo.

Los sentimientos son necesarios, son buenos, son agradables pero deben ser consecuencia del amor, fruto del amor. Me encanta lo que dice don Jose Pedro Manglano (don Josepe) en su libro *Construir el amor* (La Esfera de los Libros): «El enamoramiento te debe dejar ver al principio lo que debe ser el final». Es como una muestra de que será algo increíble cuando trabajemos el amor a lo largo de toda la vida. Podríamos decir que hay un sentimiento loco que va y viene, y otro sentimiento genuino, que aparece cuando trabajas el amor, mucho más potente que el primero y al que debemos aspirar.

Cuando te cases, el sacerdote no te va a preguntar qué sientes ni si estás enamorado, nunca. Te preguntará si estás dispuesto a amar, pase lo que pase, en la salud y en la enfermedad, en la riqueza y en la pobreza y no solo eso, sino todos los días de tu vida... Perdonadme, pero esta pregunta, o esta afirmación, si la leemos, el famoso Consentimiento, no tiene nada de romántico ni de sensiblero, es una declaración de intenciones muy *heavy*. La tenemos que responder utilizando la cabeza.

Como dice mi amigo Miguel Ángel Martín Cárdaba en su fantástico libro *Por qué otros van a fracasar en el amor... pero tú no* (Rialp): a la hora de decidir, utiliza la cabeza, déjate de emociones. Él dice que hay dos cosas básicas a tener en cuenta para triunfar en la elección de la persona con la que te vas a casar: la estabilidad emocional y la responsabilidad. Si es una persona inestable, o muy vulnerable sentimentalmente, o no la ves responsable para adquirir tamaño compromiso, no te metas en «fregaos». Es una elección demasiado importante como para no valorarla a fondo. Miguel Ángel hace el símil con la selección de personal.

Profesionalmente hablando, ¿a quién vas a escoger para un cargo de responsabilidad: a alguien muy guapo y muy simpático, pero con una preparación nula, o a alguien realmente preparado para el puesto de trabajo que hay que cubrir, aunque sea menos agraciado? Es una comparación un poco bestia, porque el matrimonio no es una empresa y además al trabajador no te lo vas a meter en la cama. Pero no nos ceguemos por criterios superficiales o sentimentales que no son garantía de éxito. Necesitamos a alguien que nos guste, pero sobre todo buscamos a alguien que esté dispuesto al amor de verdad, que lo entienda y lo desee, que sea consciente de la grandeza de la vocación al matrimonio... y los hay.

No puedo escribir un libro sobre enamoramiento y amor y no explicaros la historia del telesilla que muestra de una manera sencilla pero muy gráfica las diferencias entre el sentimiento y la voluntad de amar.

El telesilla

Llega la pubertad... sí, aquella etapa tan pesada también llamada adolescencia o «edad del pavo», que parece que no se tiene que terminar nunca... A mí, en casa, recuerdo que me repetían tantas veces que estaba en la «edad del pavo», que un día, harto de escucharlo, le pregunté a mi madre: «Mamá, estoy cansado ya de la "edad del pavo", ¿cuándo se termina?».

Cuando uno está en esa fase adolescente, se sube al telesilla, un telesilla espectacular.

He notado en mis charlas que la palabra «telesilla» en algunos países no se entiende. El telesilla es como un teleférico pero sin cabina, solo las sillas colgadas del cable, que te sube montaña arriba. Pues imagina un telesilla altísimo, ultramoderno, en verano, sobrevolando todas las montañas del mundo, algo precioso, los Alpes, los Andes, los Pirineos, el Himalaya, qué se yo, los Dolomitas, todos los valles y montañas que os podáis imaginar, el paisaje es de ensueño, precioso, todos los verdes del *pantone*.

El adolescente que se acaba de subir a la silla «alucina», «va loco»; se enamora del primer valle que ve: «¡uaaaau, precioso!». Pero, cuando parece que está enamorado de aquel atractivo valle, el telesilla llega a la siguiente pilona sobre el risco y atisba a ver el valle siguiente: «Buaaaa, el anterior me encantaba, pero parece que este me gusta mucho más»; ¡qué bonito! precioso… y así van pasando los valles. Valles y más valles, a cual más espectacular: verdes, con riachuelos, grandes extensiones de pradera y vacas, muchas vacas. Después de ver cantidad de valles y «enamorarse» de más de uno, parece que encuentra el valle definitivo, «este sí, este me encanta, este *pa* mí», y se baja del telesilla, y corre por la pradera junto al riachuelo de aguas heladas y transparentes. El valle tiene una casita preciosa bajo los abetos, con un porche en la entrada; y en el cubierto, unas mecedoras apetecibles. Entra en el porche, se sienta en una mecedora y da gracias de haber encontrado un valle tan bonito. Está feliz y disfruta viendo la multitud de vacas pastando cerca de la casa. Pasan los días y sigue disfrutando, piensa: «No podría haber elegido mejor, menudo valle más precioso, qué feliz soy y qué feliz seré disfrutando siempre de este entorno». Y pasan las semanas y los meses, ¡qué ideal! Pero cuando lleva un año y medio, ¡ay!, cuando lleva un año y medio... uffff parece que la cosa ya no es tan preciosa, (con perdón) las vacas cagan «que te cagas». ¡Qué peste!, todo está «sembrao» de boñigas; no sabes por donde andar, y el césped, ¿que césped? Hierbajos, zarzas, matorrales que no te dejan ver el paisaje; la casa está podrida y, cuando llueve, entra agua; le das un golpe a la pared y se caen tres tablas; la mecedora tiene una pata rota, no se balancea... ¡¡ES UN DESASTRE!! ¿Cómo pude escoger este valle? Es asqueroso, horrible, no lo soporto, es una mierda de valle, lo odio...

Ante esta situación, solo tienes dos opciones:

La primera opción, que es la correcta, es decir: «Este valle es el mejor valle del mundo, es precioso y además lo escogí yo, me encanta, me lo voy a currar». Y decides recoger las boñigas y hacerle un cercado a las vacas, cortar las zarzas y los matorrales (algunos son muy difíciles de cortar pero te esfuerzas: desbrozadora con disco de acero), reparar el tejado de la casita y arreglar la pata de la mecedora… Después de barnizar las paredes y haber hecho tres pasadas con el cortacésped, decides sentarte en el porche para descansar, descanso merecido tras una dura jornada de trabajo, y cuando te sientas, cuando te sientas... ¡¡¡te mueres!!! No de agotamiento por haber trabajado duro, sino de placer. Ese valle que estaba hecho un desastre ahora está precioso, lindísimo, mucho más, muchísimo más que el día que bajaste, que el día que lo descubriste, porque te lo has trabajado. Te lo has currado, estás satisfecho, orgulloso y feliz.

La segunda opción es subirse de nuevo al telesilla, porque desde el telesilla el valle vecino siempre se ve más verde. En realidad, solo «parece» más verde, porque es exactamente lo mismo: después de unas semanas o meses, igual. Como dice mi amigo Victor Küppers: «Planta que no riegas, planta que palma»: o te lo trabajas o las boñigas se te comen y el valle precioso se convierte en un estercolero.

Hay que aclarar un asunto de esta historia, es diferente cuando uno es novio que cuando uno se ha casado. Cuando eres novio, puedes subir y bajar del telesilla las veces que te plazca, de hecho, lo que hay que hacer es precisamente eso: conocer bien el valle antes de «casarte con él». Hay que saber en qué valle te vas a meter, y valorar si, en ese valle, te ves capaz de pasar toda la vida. «¿Ves, Pep?, ¡tú mismo lo dices! ¡Hay que probarlo!»... ¡Que no!, que no hay que probar nada, que en la habitación de matrimonio de la casita del valle no se entra, que el amor no se prueba, el amor se entrega pero hay que saber a quién.

Una vez, un chico me hizo una pregunta muy interesante después de escuchar la historia del telesilla. Me preguntó: «¿Cuándo hay que empezar a currárselo?». Y me parece una muy buena pregunta, porque al principio, cuando empiezas a salir con alguien, todo es regalo, todo es fantástico, es fácil, la atracción y el enamoramiento van solos, cada día hay ilusión, ganas, sonrisas... Es cuando van pasando los días que empiezas a ver las zarzas o las boñigas, por eso, lo que hay que hacer en una relación es empezar a trabajar desde el minuto cero. Es evidente que al principio es más fácil, pero, como el césped: si lo cortas cada semana, aunque parezca que no hace falta, se mantiene precioso... pero como dejes pasar más de tres semanas, te costará mucho más pasar la segadora, ya no será tan sencillo. Si el césped está húmedo, se atasca y, además, al cortarlo te quedan ronchas de la máquina que afean el jardín. Es un trabajo constante, con alegría y con la satisfacción de mantener el «valle» precioso, «buaaa» y además hace tan feliz el esforzarse por cuidar una relación...

¿Cuesta? Claro que cuesta, pero ¿qué hay en la vida que no cueste? El cuerpo pide bañador, mecedora y cervecita, apalancarse y disfrutar del paisaje, pero para disfrutar de la mecedora, la pata debe estar reparada... si no, no mece, y la pata no se repara sola, ni el paisaje es precioso si alguien no lo trabaja, ¿y quién es ese alguien? Pues tú. Y dirás: «¿Y el otro?»... También. Pero empieza tú. Si tenemos claro que el «tú» y el «yo» se van a convertir en un «NOSOTROS», y si los dos pensamos lo mismo y tenemos el firme convencimiento de hacerlo, no solo lo conseguiremos, sino que disfrutaremos haciéndolo.

El amor hay que trabajarlo todos los días, sí, todos los días y desde el principio. Es evidente que al principio no hay zarzas, que son las más desagradables de cortar; con el tiempo aumenta el trabajo, la responsabilidad, por eso es bueno pensar: «¿soy capaz de hacerme responsable de este pedazo de valle, o mejor no me meto en berenjenales?».

Una vez tenemos claro que la atracción y el enamoramiento nos vienen, y que el amor es la voluntad de amar (qué pesado estoy con el tema), vamos a repasar varios aspectos a tener en cuenta, que nos puedan ayudar a discernir.

Nos resulta atractiva una persona de la cual nos enamoramos y empezamos a conocerla para decidir amarla, suena mal la expresión «decidir amarla», pero es así, es una decisión. Las fases del amor son correlativas, pero una no sustituye a la anterior; alguien te resulta atractivo y te enamoras de esa persona que te es atractiva, decidiendo amar a aquel que te resulta atractivo, y del cual te has enamorado. Pero para amar a alguien hay que conocerlo primero. Es importante conocer a alguien para decidir salir con él, y saliendo seguimos conociéndole para discernir y decidir si con esa persona me veo capaz de compartir mi vida.

A lo mejor eres de los que piensan: «Pep, demasiado calculado todo, deja que fluya, más *flow*... Que el amor dure lo que dure, evidentemente que me voy a esforzar, pero ya veremos: si funciona, perfecto, y si no, a por otro/a». Pero es que es la decisión más importante de tu vida, ¿lo vas a dejar todo en manos de algo que no controlas?

Nos enamoramos, razonamos ese sentimiento y decidimos amar... «¿Pero cómo voy a seguir amando a alguien por el que no siento lo mismo que sentía? Es que ahora no siento, es más, ahora siento por otro/a».

De una manera muy simplona (perdón a los entendidos, conozco más de uno que me llamará...) me atrevería a decir que la atracción y el enamoramiento son el porcentaje de sentimiento, y el amor, el porcentaje de voluntad. En esa lucha sentimiento–voluntad, no decides amar a uno que no te gusta, eso no tiene ninguna lógica, te debe gustar. Pero cuando lo decides, cuando disciernes, cuando escoges a uno, cuando se da la EXCLUSIVIDAD, que no quiere decir que sea el mejor ni el más guapo, ni el más inteligente, SINO EL QUE HAS ESCOGIDO TÚ ENTRE TODOS, entonces hay que poner a trabajar a la razón (inteligencia y voluntad) a destajo. Ya no hay que dudar (una vez te has casado) de tu elección. Si ha sido pensada, madurada y honesta, es la mejor. Estás en el buen camino y te aseguro que el sentimiento no desaparecerá, aunque haya días que lo parezca. Recuerda, los días buenos se aprovechan y los malos te acuestas temprano...

Como dice mi amigo don Jose Fernández Castiella en su fantástico libro que ya te recomendé, *El matrimonio, la gran invención divina:* «No existe la estabilidad definitiva en el amor. Se puede decir que la relación conyugal es un continuo desequilibrio inestable. Por eso hay que estar siempre cuidándolo».

Vamos a ver algunos aspectos a tener en cuenta para un buen discernimiento, cosas que hay que valorar, pensar, hablar, rezar... los temas que voy a tocar no son sentimientos, sino cosas que debes razonar.

DIEZ COSAS A TENER EN CUENTA PARA ELEGIR BIEN

1. No cambia ni su padre, lo que ves es lo que te llevas

Bueno, sí cambiamos… pero casi siempre ¡¡a peor!! Cuando en charlas hablo de los cambios, siempre me critican porque digo que no cambiamos, y no es cierto. Que si te casas con una pesada, lo será más, y si te casas con uno que se ducha poco, se duchará menos. En verdad, cambiamos, podemos y debemos hacerlo. Pero hay algo muy importante: los cambios solo nos los podemos aplicar a nosotros mismos. Uno puede decidir mejorar, pero lo que no hay que pretender es que el que cambie sea el otro. Porque para cambiar, primero uno ha de ser consciente del cambio que desea realizar, en qué quiere mejorar, porque es raro querer voluntariamente ser peor persona, lo habitual es querer mejorar. Cuando uno es consciente de que necesita un cambio en su vida, debe ponerse manos a la obra: «tengo que hacerlo y lo voy a conseguir, al menos lo voy a intentar». Gracias a la decisión y a la voluntad, nos ponemos manos a la obra, incluso, si es necesario, pedimos ayuda para ello, pero a otro, al otro NO LE VAMOS A CAMBIAR, si acaso será él, si quiere, el que decida hacerlo y, si se esfuerza, lo consiga.

Este es un tema básico en el noviazgo porque cuántos novios me comentan: «Me encanta esto y lo otro de mi pareja», sin embargo hay muchas cosas que no les gustan. Sobre esas cosas, piensan y me dicen: «LE CAMBIARÉ», o lo que es peor, cuando nos casemos, cambiará... y ya la hemos liado.

Hay que conocer las virtudes y defectos del «contrario», incluso deberíamos hacer una lista, aunque sea mental. Si la escribes, que no te la pille (es broma)... Está claro que en la lista deben aparecer muchísimas más virtudes que defectos, más cosas que te gustan y menos que te desagradan; pero hay que ser conscientes de que todos tenemos virtudes y todos tenemos defectos. Nos debe gustar y deseamos amar a esa persona con sus virtudes y sus defectos, nos gusta toda, con lo bueno y con lo malo, el «pack completo».

«Mi novia María no tiene defectos, es perfecta»... !!Déjala!! o espérate a conocerla mejor, y cuando descubras sus defectos, entonces es el momento de decidir amarla.

¿Hay que hablar de las cosas que no nos gustan, de sus defectos? Es un tema importante pero delicado. Yo creo que sí, que hay que hablar de las cosas del otro que no te gustan; siempre con mucho cariño y en el momento adecuado, nunca en las discusiones (que es cuando salen estos temas).

Es importante que tu novio/a conozca las cosas que no te gustan (o que te cuestan, te chocan, te llaman la atención) para, si quiere, poderlas mejorar. Hay que tener muy claro que somos personas distintas y cada una es como es, por su carácter, personalidad, por la mochila que cada uno trae de su familia. No vas a encontrar, y tampoco es bueno que pretendas enamorarte de un clon de ti mismo, es más, creo que no te gustaría nada, seguramente lo encontrarías insoportable...

Las cosas que desearíamos que mejorara deben ser cosas de verdad importantes. No nos vamos a romper la cabeza por cosas que son insignificantes, pero es bueno que el otro lo sepa, porque uno mismo, habitualmente, no sabe verse los defectos, manías o costumbres, que pueden ser motivo de desavenencia.

Recuerdo que, cuando éramos novios, Mercè me ponía muy nervioso con un gesto que hacía con la mano cuando hablábamos de algo serio, como asintiendo... una chorrada que no me gustaba, pero eso es una tontería, no le voy a decir que cambie una cosa que no tiene ninguna importancia. Lo que ha pasado es que, con los años, soy yo el que hace ese gesto y Mercè me lo repite imitándome, riéndose de mí: «¿Qué, asintiendo, eh?», jajajaja…

Sí, ciertamente, con los años, los matrimonios nos acabamos pareciendo, y eso me encanta: fijaos en matrimonios que llevan muchos años casados, si es que incluso físicamente se parecen. Bueno, en mi caso, ella es muchísimo más guapa que yo, sin ninguna duda, pero tenemos el mismo estilo, nos preguntamos si nos gusta la ropa, comemos lo mismo, prácticamente dormimos las mismas horas, vamos a los mismos sitios y tenemos exactamente las mismas relaciones sexuales, somos clavados, el uno para el otro, jajajaja. ¡¡Es que somos uno!!

Es precioso cuando uno es consciente de alguna cosa que al otro no le gusta, porque lo siente. Muchas veces se nota rápido, o porque te lo ha dicho y te esfuerzas en cambiar, o porque a lo mejor son pequeñas cosas que a uno no le afectan, tienen poca importancia, pero nos queremos esforzar por cambiar para agradar más al otro. Los cambios reales requieren esfuerzo y constancia; los falsos cambios, para aparentar o para ligar, no sirven de nada ni duran nada, se pillan enseguida. Recordad lo atractiva que es una persona auténtica.

En el noviazgo nos debemos preguntar el uno al otro, y es una pregunta para nota: ¿qué hay de mí que no te guste? Esta pregunta hecha y respondida, siempre con mucho cariño, puede ayudar en la relación, porque nos imaginamos cosas o creemos que el otro sabe lo que nosotros pensamos o interpretamos que el otro quiere... o que yo debería hacer... mil combinaciones de suposiciones que es muy importante que se aclaren, y las cosas se aclaran hablando, hablando y solo hablando.

El planteamiento correcto sería: «mi novia María tiene muchísimas virtudes, me encanta, pero también tengo claros sus defectos, o las cosas que a mí no me gustan tanto. La amo tal como es, con lo bueno y con lo malo, con todo, porque es suyo, y no solo conozco sus defectos, sino que me esforzaré en aceptarlos»... VAMOS BIEN, A SEGUIR CONOCIÉNDOSE.

Otro planteamiento muy lícito sería: «Mi novia María tiene muchísimas virtudes, con el tiempo he ido conociendo sus defectos y no los puedo soportar, me he dado cuenta, después de hablar mucho, de que no es el tipo de chica que quiero»... Con cariño: A LA CALLE.

Otro planteamiento muy frecuente y desacertado sería: «Mi novia María tiene muchísimas virtudes, me encanta, lo pasamos fenomenal, no quiero fijarme en sus defectos, no quiero ni pensarlo; con el tiempo los cambiará seguro, pero es que físicamente es increíble y además en su casa tienen "una pasta", el resto son chorradas»... LA HEMOS LIADO.

Un aviso para los católicos: demasiadas veces deseamos la conversión del novio/a, deseamos que cambie o nos convencemos de que, en el fondo, no es algo tan importante... Es tan básico que le dedicaré un capítulo, déjame adelantarte algo: es lo más importante.

2. Cuidado con los flojeras

Hay un libro que me encanta, os lo recomiendo vivamente, está escrito por mis amigos sacerdotes D. José Brage y D. Joan Costa, dos auténticos cracks. El título: *Checklist para elegir pareja* (Palabra). Es un librito fácil pero muy potente, muy claro, de los que me gustan, que no se enrollan y que se entiende; me gusta tanto que tengo la sensación de que les copio. No, no tengo la sensación de que les copio, les copio descaradamente.

Ellos también hablan de los flojos, con «o» porque hay muchos más flojos con «o» que flojas, con «a», aunque, como en todo, nos vamos equilibrando.

El flojo es aquel «que no puede», que dice que lo intenta pero que no hay manera, que no tiene fuerza de voluntad; eso sí, tiene voluntad para lo que quiere, para lo que le interesa, para lo que le apetece... Siempre el mínimo esfuerzo, sabe lo que está bien, incluso muchas veces lo hace, pero a regañadientes, siempre quejándose... Óyeme, ¿quieres un consejo? Si estás saliendo con uno de estos, que actualmente hay muchos… A LA CALLE. Que el noviazgo no es una guardería, que es un periodo muy importante, que ahí es donde hay que ver el potencial de esa persona. Si en este periodo de conocernos vemos que el esfuerzo por mejorar es nulo, ¿qué pasará cuando vengan los problemas de verdad? Si alguien no es capaz de esforzarse para que una relación mejore, si siempre anda apalancado, con la ley del «mínimo esfuerzo», te aseguro que no es un buen candidato para ser tu marido y construir juntos una familia. Si todo le cuesta en esta etapa de la vida que debe ser pura alegría, pura energía, ganas de hacer mil planes, ganas de conocerse, formarse y crecer, si siempre refunfuñamos, o lo que es peor, nos apalancamos, no vamos bien. Si le gusta demasiado el sofá, no es un buen candidato.

No te ciegues, no disimules, no pierdas el tiempo. Si tu pareja no espabila, siempre se queja de todo, nunca le hacen nada bien, y él no se esfuerza en nada, solo exige... a por otro. No te quieras justificar, ni quieras justificarle. Toma una decisión, díselo: «O espabilas o puerta».

Con perdón, hablo por mi experiencia y gracias a la multitud de conversaciones que he tenido con muchos jóvenes. ¿Por qué hay tanto «flojeras»? Actualmente hay mucho joven blanducho... Si tú eres uno de ellos, espabilaaaaa.

Hay tres temas que acostumbran a ser los que más les cuestan a estos jovenes: el comer, el beber y el sexo. Son temas en los que nos tenemos que esforzar todos, es así, no hay que dejar que nos dominen, a unos les cuesta más y a otros, menos. Depende de la templanza, que es una virtud que, como tal, se puede trabajar. Esta virtud estaría entre los sentimientos y la razón, entre el «¿qué me apetece?» y el «¿qué debo hacer?», ahí está la templanza que hay que educar desde niños. «Me apetece un montón pero no debo». «Me da pereza o me cuesta pero lo debo hacer», «Por hoy ya es suficiente», «Intentaré mejorar en esto», «Si lo quiero conseguir, me tengo que esforzar». ¡Qué políticamente incorrectas son estas frases, y cuán necesarias son para prosperar como personas, e indispensables para conseguir un matrimonio feliz!

Hay otro libro fantástico sobre este tema, también de mi querido amigo don Jose Brage, que os recomiendo: *El equilibrio interior: Placer y deseo a la luz de la templanza* (Rialp).

Si tú siempre haces lo que te da la gana, o en tu casa tus padres no te han negado nunca nada, si la palabra «NO» no formaba parte del vocabulario familiar, te costará mucho privarte de emociones y sentimientos en el campo afectivo, porque es un terreno donde el sentimiento y la voluntad entran en confrontación muchas veces. Me apetece hacer tal cosa, pero debo y es conveniente que haga esta otra. Sin embargo, si tú o tu pareja estáis acostumbrados desde pequeños a esforzaros, a que no todo se puede hacer, a que no todo es un tema de apetencias, me gusta no me gusta, lo quiero, lo tengo..., sino que muchas cosas requieren tiempo, sacrificio y renuncia, os será mucho más fácil seguir en una relación con futuro. Porque privarse voluntariamente de las cosas no es malo, todo lo contrario, es algo muy bueno y necesario para entrenarse para la vida, es como el gimnasio de la realidad. Cuando uno, voluntariamente, se niega algo, te estás preparando para vivir mil situaciones en las que la vida te negará cosas sin que tú lo desees. A esto toda la vida se le ha llamado sacrificio, que quiere decir renunciar a algo por un propósito superior, que no tiene por qué ser exclusivamente religioso: ¿cuántos deportistas se sacrifican un montón para conseguir la marca deseada? Cuando hablamos de sacrificio, en las cosas habituales de cada día, parece que sea una cosa exclusiva para monjes que se dedican a la contemplación.

La fortaleza es otra virtud cardinal como la templanza, indispensable en la vida y muy necesaria en el noviazgo. La fortaleza te permite enfrentar y superar adversidades, miedos y desafíos con valentía y determinación; no hace referencia a la resistencia física, sino a la fortaleza emocional y mental; nos ayuda a mantenernos firmes en nuestras convicciones y decisiones. Estas virtudes son muy valoradas por la gente que se dedica a la selección de personal, aunque actualmente le llamemos de otras maneras, como resiliencia, determinación o adaptabilidad, no vaya a ser que nos recuerde a la religión hablar de fortaleza y templanza, si es que está todo inventado...

La bebida

El tema de la bebida es serio y muy preocupante: sois muchos los que bebéis, y bebéis demasiado; es algo socialmente aceptado y no es fácil ponerle freno. No es necesario beber para pasarlo bien. Ese «botellón caliente», en botella de plástico que os pasáis de morro en morro, no tiene ningún glamur; esa ginebra comprada en el súper del barrio, que sabe a colonia, tampoco... las copas: pocas y buenas.

Hace unos meses, en la celebración de una boda, estaba hablando con un grupo de jóvenes, todos con una copa en la mano, disfrutando del bodorrio. Entre bailes y saltos, aparece uno con unos vasitos de chupito y una botella de Jägermeister, llena los vasos y me invita a tomar un *shot* de licor de hierbas, que es un licor que me encanta, pero para otra ocasión. Estaba disfrutando de un exquisito *gin tonic*, en copa grande de cristal y con todos los extras... el *shot* no apetecía nada, era única y exclusivamente para elevar el nivel etílico, no merece la pena. Todos tomaron el *shot:* «pim, pam» y siguieron con su copa. No te dé vergüenza decir que no, disfruta las copas con moderación, sé dueño de tus decisiones.

¿Por qué siempre queremos llegar a ese «puntillo» que nos desinhibe y del cual es tan fácil pasarse cuando estamos de fiesta?

Además, intentar ligar cuando uno lleva unas copas de más, o incluso beber para lanzarse, perder la vergüenza y acercarte al otro, es un desastre y te arrepentirás de lo que hiciste, de lo que dijiste o incluso no te acordarás de lo que pasó la noche anterior. Un problemón que desgraciadamente es demasiado frecuente.

Si sales con alguien que «bebe, bebe y vuelve a beber», como los peces en el río del famoso villancico, piénsatelo, ayúdale, aconséjale, pero no te metas en berenjenales... PUERTA...

Cualquier adicción siempre es un gran problema para el noviazgo y para la vida. Demasiadas veces veo a novias que tienen complejo de cuidadora o de hermanita de la caridad, y el noviazgo no está para ser enfermera de nadie. Como decíamos, hay que ayudar al que está enfermo, tratarlo con cariño y hacer lo posible para que salga de esa situación que complica la vida de tantos jóvenes; pero no hipoteques tu vida, en el noviazgo no toca. Si estás en esta situación, pensarás: «Pep, me parece muy egoísta tu planteamiento, dices que hay que esforzarse al máximo para el bien de la relación, y ahora nos dices que lo dejemos...». Sí, te digo que lo dejes. El noviazgo no es un matrimonio, lo he dicho y lo repetiré mil veces, para que quede claro. El noviazgo es un periodo para conocerse y discernir si con esa persona, con la que estás saliendo, te ves capaz de compartir tu vida para siempre. Con una persona adicta es muy difícil convivir, y aunque le quieras mucho, no te metas en esa ruina. Otra cosa es que te cases con una persona y, una vez casados, caiga en una adicción. Entonces sí, ahí sí que hay que darlo todo: nos hemos COMPROMETIDO en la salud y en la enfermedad, para lo bueno y para lo malo, hemos de salir del conflicto los dos juntos, aunque cueste la vida, pero en el noviazgo, no, lo siento.

Es evidente que cualquier adicción es un problema, los porros lamentablemente también son demasiado habituales y la toma de cocaína o drogas sintéticas, las de diseño (vaya descripción más cutre llamarlas de diseño), que empieza de forma esporádica y se acaba convirtiendo en necesidad, son motivos graves por los que hay que dejar una relación, te vas a meter en un pastizal, no le des más vueltas, déjalo.

La pornografía

En mis conversaciones con jóvenes de todo ambiente y condición, estoy sorprendido del impacto que está teniendo la pornografía en nuestro tiempo, es una verdadera pandemia que afecta a muchísimos jovenes que disponéis de esta basura de forma demasiado fácil.

Como dice mi amigo Alejandro Villena: «No hay pornografía sin consecuencias». Alejandro, psicólogo especialista en adicción al porno, habla de un grave problema social, político, educacional y de salud sexual que puede generar graves consecuencias, sobre todo en los jóvenes que acceden al porno con facilidad a través del móvil. Su libro *¿Por qué No?* (Alienta) te puede ayudar.

Si te encuentras en esta situación, hay que pedir ayuda sin falta, urgente, es una adicción de la cual es difícil salir solo. Si estás en una relación, hay que decírselo a la pareja, aunque cueste, es necesario que lo sepa y que te pueda ayudar. Habitualmente es más frecuente en hombres, pero cada vez hay más mujeres afectadas.

Existe una plataforma que se llama Dale Una Vuelta que desde hace años trabaja muy bien este tema, (www.daleunavuelta.org). No dudes en ponerte en contacto con ellos, si quieres incluso de forma anónima, tienen recursos para echarte una mano. No puedes seguir con la pornografía, afectará muy seriamente tu vida y sobre todo a tus relaciones afectivosexuales, es una auténtica desgracia.

Otro libro que te puede servir es el de otro buen amigo, sacerdote. Se titula *Cuando el sexo te atrapa* (Nueva Eva), de don Patxi Bronchalo. Ayuda a entender, afrontar y sanar el grave problema de la pornografía.

3. ¿Tu noviazgo saca lo mejor de ti?

Cuando estás saliendo con alguien, debes hacerte la pregunta: ¿esta relación saca lo mejor de mí? Y, evidentemente, la respuesta debe ser positiva siempre, si no es positiva, A LA CALLE, así de simple.

El noviazgo debe sacar la mejor versión de uno mismo.

Desde que sales con él/ella, ¿eres mejor persona? ¿Eres mejor amigo de tus amigos? ¿Eres mejor profesional? ¿Eres mejor estudiante? ¿Eres mejor hijo, mejor hermano?

Si eres cristiano: el noviazgo ¿TE ACERCA A DIOS O TE APARTA DE DIOS? Es una pregunta clave, que debe ser habitual en la vida de los que somos creyentes, no solo en tema de amores, sino en cualquier situación. Recuerdo que, en casa, cuando nuestros hijos adolescentes nos pedían permiso para hacer algo, muchas veces les respondíamos con esta pregunta: «¿Esto te acerca a Dios o te aparta de Dios?». La verdad es que la respuesta/pregunta no les gustaba nada, ja, ja ja, e insistían: «Vale, papá, muy bien, pero no seas pesado. Dime: ¿sí o no?».

Los que tenemos fe sabemos que debemos aspirar a vivir como vivió Cristo, a ser otros cristos, sé que suena fuerte para los que no creéis. Debemos esforzarnos en vivir cerca de Dios siempre, y sin ninguna duda rechazar todas aquellas situaciones que nos aparten de Él.

Cuánta gente que por culpa de una relación, una mala relación, las famosas relaciones tóxicas y otras que no parecen tan tóxicas, se han apartado de la fe, incluso de la familia y de los amigos. UN NOVIAZGO NO TE PUEDE APARTAR DE NADIE, todo lo contrario, te debe hacer crecer como persona y sobre todo como hijo de Dios.

Aquí los amigos tenéis un papel fundamental, cuando veáis que un amigo/a no solo no saca la mejor versión de sí mismo, sino que desde que está ennoviado va a peor, TENÉIS LA OBLIGACIÓN DE DECÍRSELO. Sí, ya sé que es difícil, que es una situación complicada, un marrón, pero si de verdad es vuestro amigo y le queréis bien, debéis avisarle, tenéis que ayudarle: «Te voy a decir algo que sé que no te va a gustar, pero soy tu amigo y debo decírtelo, desde que sales con Fulanito/a no te veo feliz, no eres el/la que eras...». Muchas veces, uno mismo está cegado y no sabe verlo, o no se entera, pero falta un toque de un buen amigo para que, aunque de entrada pueda costar, te ayude a recapacitar y a hacerte la pregunta del millón: «¿Esta relación me conviene?». Recuerdo haber tenido esta conversación con dos amigos... mi consejo no surtió efecto, se casaron con las novias que tenían y no les ha ido mal, aunque estoy seguro de que les podría haber ido mucho mejor, o no. No les gustó mi consejo, pero agradecieron mi interés por ellos, y uno me dijo que mi comentario le hizo plantearse muchas cosas que mejoraron su relación. Seguimos siendo muy buenos amigos.

Muchas veces, los padres vemos que una relación no saca la mejor versión de nuestros hijos, más bien todo lo contrario. También es difícil porque no tenemos una visión muy objetiva del tema, y a no ser que sea una situación complicada, muy evidente, que son pocas, es difícil que una intromisión de este tipo, por parte de los padres, sea bien aceptada por los hijos, pero me consta que, aunque la respuesta del hijo/a a un comentario de los padres sea airada, ese comentario, hecho con cariño, muchas veces cala hondo en el corazón de ese ennoviado, que, aunque no quiera reconocerlo, le hace replantearse la relación. Debemos tener muy claro que, especialmente las madres, en este aspecto tienen un más que efectivo sexto sentido. Es recomendable escucharlas con interés y respeto, valorar sus consejos. Ellas ven donde tú no ves, cosas de madres.

¿Cuántas veces el enamoramiento nos ciega y no captamos la realidad? Esa etapa de enamoramiento, por otra parte, tan bonita, hay que dejarla madurar, que baje el suflé y podamos ver la relación con más perspectiva, que las hormonas vuelvan a su cauce y seamos capaces de tomar decisiones adecuadas.

Como he dicho, muchos jóvenes me comentan que se han enamorado de alguien que no les conviene, y otras veces aseguran que parece que conocen a alguno que les convendría, pero por el cual no sienten nada. Repito que ambos argumentos me encantan, porque lo importante es saberlo, darte cuenta, ser consciente de qué te conviene o no te conviene. Está muy bien que te lo hayas planteado, deja pasar los días, conoceros más y ya llegará el momento de discernir. Lo malo es cuando nos cegamos y no somos capaces de reconocer la realidad, ni de hacer caso a nuestros amigos y familiares, que viendo la relación desde fuera, y siendo más objetivos, con mucho cariño, nos quieren ayudar y nosotros no solo no queremos oírlos, sino que nos enfadamos y rechazamos su consejo.

También es cierto que nunca podemos juzgar a nadie, y que para hablar de estos temas debemos ser muy cariñosos y, si somos creyentes, antes de corregir o querer ayudar a nadie, pasar un buen rato delante del Sagrario comentando este tema con el Jefe en oración.

Si a ti te pasa, si tus amigos te aconsejan, si ves que tus padres también quieren hablar del tema, déjate orientar, escucha con cariño, la decisión la tomarás tú y solo tú, pero no te aísles, las personas que te quieren desean tu bien, sé receptivo. Muchas familias pasan por esta situación: padres demasiado «metomentodo» a los que nunca les parece bien el novio/a del hijo, hijos que se cierran a los consejos de los padres y de los amigos porque están cegados... hay que tomarse las cosas con tranquilidad y con empatía, paz y, sobre todo, amor, mucho amor. Venga, no te enfades, déjate ayudar, y si tu madre es muy pesada, trátala con cariño, que solo quiere tu bien.

4. Nunca, nunca, toleres las faltas de respeto

Este punto está clarísimo, en un noviazgo nunca podemos permitir ninguna falta de respeto por parte de ninguno de los dos. Aquí sí que estamos de acuerdo todos: gobiernos, administraciones, educadores, ayuntamientos...

Las faltas de respeto, por pequeñas que sean, no se pueden tolerar. NINGUNA, NUNCA.

Una chica me contó una historia que, por desgracia, es demasiado habitual.

Una noche de fiesta, después de una cena con amigos, salir de copas y acabar tarde (o pronto, según como se mire), fueron a buscar el coche del chico, para acompañar a la novia a su casa. Los besos y abrazos se alargaron hasta que la chica dijo «basta», pero él siguió insistiendo. Finalmente arrancó el vehículo, y en lugar de ir hacia su casa, condujo hacia una zona descampada. Las hormonas desbocadas y el novio, uno de esos «flojeras» de los que hablábamos antes... detuvo el coche e intentó seguir... con la negativa de la chica, ¡¡su novia!! Él se enfadó y echó a la chica del coche, lo que oyes, la echó, dejándola tirada en una zona desangelada y oscura de las afueras de la ciudad, lejos de su casa, a altas horas de la madrugada. Ella asustada y decepcionada llamó a un taxi que la llevó a su domicilio... no era un ligue de la noche (y aunque lo hubiera sido...), era su novio, con el que llevaba saliendo más de un año, y él católico (o eso decía), con la intención de llevar un noviazgo sano... La chica me escribía porque el novio, al día siguiente, arrepentido, la llamaba entre lágrimas pidiéndole perdón, y ella no sabía qué hacer, ¡¡¡dudaba!!!.... no, no, no, no puede ser... A LA CALLE, ¡¡¡PERO YA!!!

Esa persona con esos «prontos», con esas reacciones, no es garantía de éxito, seguro que no, si de novios te deja tirada en un descampado, ¿qué pasará cuando estéis casados y la vida sea mucho más complicada?

Hay faltas de respeto que son más sutiles pero que tampoco se deben tolerar: controlar el móvil del otro, presión para distanciarte de tu familia o amistades, comentarios excesivos sobre la manera de vestir o comportarse... Algo muy peligroso es el chantaje emocional y que muchas veces te hace dudar, o perdonar conductas, que no se pueden tolerar. Muchas relaciones intentan justificar conductas injustificables. «Iba borracho y me dio un empujón». ¿Un empujón a una novia? Un insulto, un grito no se deben tolerar, como

bien dice el eslogan: TOLERANCIA CERO. Demasiadas veces, las faltas de respeto se disimulan por miedo
a perder la relación, o porque nos ciegan cosas mate-
riales o físicas, que no nos dejan ver a la persona con
nitidez. Tu novio ya puede tener un Ferrari, o ser hijo
del marqués de donde quieras, que si te da un empujón, se tiene que ir a «freír espárragos» pero marchan-
do, rápido. No quieras justificar cosas injustificables.
No te metas en fregaos.

En una charla a alumnas de bachillerato, hablando
del tema de las faltas de respeto, una chica me preguntó: «Mi novio me dio un empujón en un enfado
pero en seguida se dio cuenta y me pidió perdón, ¿le
debo perdonar? Todos nos podemos equivocar y merecemos ser perdonados, de hecho le perdoné y seguimos muy bien...». Una maestra (la charla era en una
escuela) se adelantó a mi respuesta: «Sí, por supuesto,
le debes perdonar. PERO LE DEJAS». Me pareció una
respuesta muy acertada: en las faltas de respeto, no
hay cosas grandes o pequeñas, no te arriesgues.

El otro día me encontré con una pareja de novios
por la calle, estuvimos un rato hablando y el novio no
paró de corregir a la novia, no paraba de ponerle bien
el pelo, no dejaba de apostillar cuando ella decía algo...
¿Pero esto qué es? Déjala en paz, déjala vivir tranquila,
no me gustó ese trato tan obsesivo para que la novia
luciera perfecta, como sobreprotector y de cara a la ga-
lería, qué «pesao» el tío.

5. El botón *eject*

La idea del ya famoso botón *eject* es del libro *Checklist para elegir pareja*, de don José Brage y Mn. Joan Costa, del que ya os he hablado. Me parece una idea tan gráfica, que les pedí permiso para utilizarla en mis charlas.

Tuve la suerte de dar una conferencia *online* a los militares de la Academia General del Aire de San Javier en Murcia. Esta academia es la encargada de formar a los futuros oficiales de la Fuerza Aérea Española. Era una actividad organizada por capellanía y el cadete que me contactó, me aseguró que no sabía si habría mucha gente conectada, que no eran muchos los que participaban de estas conferencias de formación, pero como el tema noviazgo era algo que interesaba a la mayoría, podría ser que se conectaran más de los habituales. La sorpresa fue que al abrir el Zoom, en pocos minutos se llenó la pantalla de militares, muchísimos. En las charlas *online*, pido a los oyentes que, si es posible, mantengan la cámara conectada para poder ver a la gente en la cuadrícula del ordenador mientras hablo; me aburre dar una charla en el ordenador sin ver a los participantes y viéndome a mí mismo... Fue muy gracioso porque había un montón de militares en las más variadas situaciones: unos con uniforme, otros tumbados en literas; recuerdo un grupo metido en un coche, incluso alguno que debía de estar de permiso conectado con toda la familia; un ambientazo que me animó, y lo pasamos genial. En la charla les repetí muchas veces la expresión *eject*, haciendo un símil entre el botón que llevan los aviones de combate para que, ante un accidente inminente, el piloto pueda salir despedido por el aire para evitar la muerte, con dejar una relación. Cada vez que hablaba del botón *eject* veía, porque no les oía, que se reían... Cuando terminó la charla, empezó un apasionado turno de preguntas, y un cadete me explicó: «Pep, cada vez que hablabas del botón *eject*, nos reíamos porque, en los aviones de combate, no existe ese botón. No es tan fácil como darle a un botoncito y ya, es algo muy serio y arriesgado, es un cable que tenemos entre las piernas, que cuando tiras de él y se activa el sistema, explota una carga debajo de ti, la carlinga se separa del fuselaje y el piloto es expulsado hacia afuera con su asiento eyectable. Sales literalmente despedido al aire, se abre el paracaídas, y un GPS emite tu posición para proceder al rescate. Esto ocurre en fracciones de segundo, el dispositivo está diseñado para maximizar la seguridad del piloto. Es un sistema radical para el cual hay que estar preparado, porque, en muchas ocasiones, el piloto puede incluso perder el conocimiento». Cuando me lo explicaba, recordé el libro de don José Brage, porque lo explica literalmente así, como algo muy radical. Y de este modo es como debemos actuar ante un noviazgo en el que vemos que nos estrellamos, dale al botón *eject* pero ya, no te lo pienses tanto, que te estás estrellando, ¿no lo ves?... Aunque sabemos que no es fácil, no debemos tenerle miedo al cable, tira de él, antes que estrellarse hay que salvar la vida.

«Pep, ¿tengo que hacer todo lo que esté en mi mano para salvar la relación?». Es una pregunta muy habitual, o «¿hasta cuándo tengo que luchar?». En una relación de noviazgo no tienes por qué aguantar lo indecible, lo dejas y «se finí». ¿Es duro? Sí, claro que es duro, pero no vas a estrellarte. Es evidente que en el noviazgo también hay que esforzarse, lo hemos dicho, hay que trabajar desde el minuto cero, pero sufrir, pasarlo mal, que sea un constante malvivir, no.

El problema es que confundimos el noviazgo con el matrimonio y vivís de novios como si estuvierais casados, y repito, y seguro que me repetiré muchas veces, el noviazgo no es un matrimonio en miniatura.

6. Sexualidad

Vamos a tratar un tema que estoy seguro que no te interesa nada... la sexualidad.

La sexualidad es el lenguaje del amor, así la definió san Juan Pablo II y me encanta, las personas necesitamos el cuerpo para decir que nos amamos. Si una persona está en coma o en estado vegetativo, puede que abra los ojos, pero no te ve, la mirada perdida te atraviesa, si no puede mover ningún miembro de su cuerpo, no puede decirle a otra persona que la quiere, es imposible.

Para poder decirle a alguien que le amamos, necesitamos poder hablarle, mirarle, acariciarle, escribirle, abrazarle, besarle... Necesitamos movernos, no solo necesitamos el cuerpo, sino que es imprescindible poderlo mover. Solo que podamos mover un poco un dedo, ya le podemos decir al que tenemos al lado que le queremos, una ligera caricia con el dedo tiene mucho significado; aunque solo podamos mirar, con una mirada, con una expresión de los ojos, podemos decirle a alguien que lo amamos, por supuesto, con un apretón de manos, un abrazo, más o menos apretado, un beso, hablando se lo podemos decir. Es imprescindible el cuerpo para expresar nuestro amor. Qué importante es nuestro cuerpo y qué maravilla. Piénsalo.

El repartidor de Amazon

Cuando viene el repartidor de Amazon a tu casa a traerte un paquete, llama a la puerta y ¿qué haces? ¿Cómo le saludas? ¿Le abrazas? ¿Le besas? Si es tu novio, a lo mejor sí, o si lo que te trae es algo muy esperado, quizá... ja, ja, ja, ja. Lo normal es que le des las gracias y, si eres educado y quieres alegrarle el día al repartidor, te fijas en la chapa que lleva colgada en el pecho con su identificación y le agradeces la entrega llamándole por su nombre: «Muchas gracias, Manu». A nuestra casa viene habitualmente Manu, la alegría en persona. ¡Cómo nos gusta escuchar nuestro nombre! Si el que llama a la puerta es tu padre, que además llevas días sin verle, le das un fuerte abrazo, pero será un abrazo distinto del que le des a un amigo que estaba de intercambio universitario y, sin avisar, se presenta y llama a la puerta de tu casa: le das un abrazote mucho más fuerte, pero no le das un beso; si el que llama es tu novio, le caerá un buen besote. Y así aumentará la expresión de tu afectividad, según sea la proximidad que tienes con el que acude y, además, dejarás que entren más o menos en la intimidad de tu casa según la proximidad de la relación. El repartidor de Amazon no pasa de la puerta, un conocido entrará en el recibidor, tu amigo llegará hasta la cocina, e incluso se pillará una cerveza del frigorífico sin pedírtela, pero no se meterá en tu habitación y mucho menos en tu cama...

El máximo de intimidad entre un hombre y una mujer es tener relaciones sexuales, no hay más intimidad, no puedes unir más dos cuerpos que en el acto sexual. Es el máximo de unión, el máximo de intimidad, el máximo de entrega, y entonces....

¿POR QUÉ HAY TANTA GENTE QUE SE «CEPILLA» A UNO/A QUE CONOCE MENOS QUE AL REPARTIDOR DE AMAZON?

¿Por qué con tanta ligereza regalamos nuestro cuerpo, nuestra intimidad, nuestro ser, a un perfecto desconocido? ¿Por qué? ¿Porque lo vemos en pelis y series? ¿Porque sí? ¿Porque el cuerpo tira? ¿Porque no me puedo frenar? ¿Porque no tiene más importancia? ¿Porque me apetece? ¿Y por qué no?...

Actualmente es un tema recurrente, la sociedad te dice: una cosa es el cuerpo y otra tú, tu ser, tu alma. El amor y la sexualidad son cosas distintas, tú puedes entregar tu cuerpo sin entregarte tú, sin entregar el alma. Tú disfruta, disfruta del sexo, puro placer, no tiene más, es algo muy distinto de amar, amar es otra cosa... y eso, eso es falso, rotundamente falso: ¡ESO ES MENTIRA!

Con el amor y con la sexualidad no se juega. Estoy convencido de que muchos de los problemas de nuestra sociedad radican en esta banalización del amor y del sexo. No le damos al inmenso regalo de la sexualidad el valor que realmente tiene.

Solo podemos separar el cuerpo del alma cuando nos morimos, no hay otra.

La catequesis de la muerte

Me perdonaréis que haga este inciso para que quede claro que el cuerpo y el alma no se pueden separar, NO SE PUEDE.

Cuando se muere un familiar, el tío, el abuelo, o quien sea, me parece bueno que los niños y jóvenes de la familia vean el cadáver. La muerte está presente en nuestra vida y es ineludible para todos, aunque lo queramos disimular y no hablemos de ella. Qué importante es para cualquier persona saber afrontar la muerte, meditar la muerte, pensar en la muerte. Delante del difunto se le pregunta al joven: «¿Dónde está el abuelo? ¿Está aquí el abuelo?». Una pregunta que tiene su miga. Aquí está el cuerpo del abuelo, pero el abuelo no está, el abuelo ha muerto. «Toca el cuerpo del abuelo, está frío, es su cuerpo, sin vida, el abuelo no está». No podemos separar el cuerpo del ser, del alma, no podemos, solo se separa en la muerte, antes somos un uno completo, inseparable.

Nosotros somos nosotros con nuestro cuerpo.

Si tú besas a alguien, no es tu cuerpo el que besa a otro, eres tú. Tú besas a esa persona. Si te tocan, no es un cuerpo que toca tu cuerpo, es alguien que te está tocando a ti. Si tú entregas tu cuerpo a alguien, te estás entregando tú, ¡¡TÚ!! Y eso es muy serio, es tan importante, es TAN BONITO, QUE ESTÁ RESERVADO A UNA PERSONA, A UNA SOLA PERSONA.

Si eres un individuo educado y simpático, que es como hay que ser, los «repartidores de Amazon» pueden ser todas las personas del mundo. Tú puedes ir por la calle mirando a los ojos y sonriendo a toda la gente con la que te cruces (pruébalo, es una experiencia increíble) o puedes ir mirando al suelo y refunfuñando, como hacemos muchos días. Puedes saludar a tus compañeros de trabajo, vecinos y conocidos, abrazar a tus amigos, besar y achuchar a tus familiares, pero entregar tu ser, entregar tu cuerpo y tu alma, tu máxima intimidad, eso ya es otro nivel. Eso está reservado para UNA sola persona. Porque, si no, ¿que hay reservado para una sola persona que es la que compartirá tu vida? Del mundo entero a una persona para siempre y tiene su lógica; mi intimidad se la entrego a uno, hay algo muy íntimo que, si lo doy, lo he dado, y cuando lo regalo, ya no es mío. Es bonito darle vueltas, y como digo siempre: «Haz lo que quieras pero hazlo porque quieres».

El hombre y la mujer tenemos cuerpos distintos pero perfectamente complementarios, creados para la unión. Además somos inteligentes (unos más que otros) para disfrutar de la sexualidad como queramos, una gran diferencia con el resto de los animales que actúan por instinto, no son dueños de su sexualidad y solo se aparean cuando toca, en época de celo. Algo tendrá que ver la inteligencia, la razón, que es lo que nos diferencia del resto de seres vivos, para darnos ese control sobre nuestra sexualidad. ¿Es o no es un regalo? ¿Cómo es que la diferencia es tan abismal entre los seres humanos y el resto de animales? Si solo fuera fruto de la evolución, ¿por qué los demás animales funcionan tan distintos de nosotros y, sin embargo, entre la infinidad del resto de especies el funcionamiento es muy parecido?

Cuando las personas tenemos relaciones sexuales, aparte de poder tenerlas cuando nos da la gana, nos podemos susurrar al oído que nos queremos, incluso podemos gritarlo, nos podemos dar las gracias, podemos comentar lo guapos que somos; nos abrazamos. No me digas que no es algo increíble; no me digas que no te suena a algo muy grande, a algo a lo que tenemos que dar mucha importancia. Que no es un «aquí te pillo, aquí te mato», que tiene un significado muy trascendente, la expresión máxima de amor.

NO TENGAS RELACIONES SEXUALES HASTA QUE TE CASES. ¿Para qué me voy a andar con rodeos si quiero transmitirte un mensaje claro? Las relaciones sexuales se han banalizado, ya hemos dicho que no se les da la importancia que tienen y, como a mí me gusta decir las cosas muy claras, creo que es el mejor mensaje que te puedes llevar de este libro. La sociedad te dirá que las tengas con quien quieras, que siempre utilices preservativo, para que sean relaciones «seguras». A mí me parece que no hay nada más seguro que tener relaciones sexuales exclusivamente con la persona a la que amas, que es una con la que decides compartir toda tu vida. Aquí no hay problema de contagio de enfermedades de transmisión sexual, ni de embarazos no deseados, ni de ser utilizados o utilizar a nadie... ¿Quieres disfrutar del sexo de verdad? UNO CON UNA Y PARA SIEMPRE. Además es lo mas ecológico que hay, recuerda que hay que salvar el planeta; ni fármacos, ni hormonas, ni plásticos no reciclables: *ECO SEX POWER*.

¿Que prefieres, perder la virginidad en el maletero de un Volkswagen Polo de alquiler, en el parking de una discoteca de Ibiza, una noche de verano, con uno/a que acabas de conocer, o con el amor de tu vida, después de deciros delante de Dios, de vuestras familias, de vuestros amigos y de todo el mundo, que os vais a amar y respetar, pase lo que pase, todos los días de vuestra vida? ¡No tiene nada que ver!

Pensarás: «Esto es imposible», «Nadie lo hace» o «¿por qué tengo que hacerlo?». Muchos estáis de acuerdo conmigo, veis claro que acostarse con cualquiera no está bien, y sabéis que un «tomate» con un desconocido en el maletero del Polo no es plan, pero pensáis que si la relación es seria, si es con tu novio/a, el tema es muy distinto. ¿Por qué no puedo tener relaciones con él/ella si le quiero? Si nos vamos a casar. No nos casamos porque todavía no podemos, pero nos casaremos. Es una chorrada esperar... La respuesta es muy simple: porque todavía NO TE HAS CASADO. Es en ese momento, y solo en ese preciso instante, cuando nos decimos que sí para siempre, cuando nos entregamos el uno al otro en cuerpo y alma, y, después de unir nuestros cuerpos en el acto sexual, nos convertimos en UNA SOLA CARNE, SOMOS UNO. UNO MÁS UNO IGUAL A UNO. Nos hemos entregado, ya no nos pertenecemos, somos del otro; algo tan grande que es difícil de explicar si no queremos entenderlo con el idioma del AMOR en mayúscula. PURA ENTREGA DE AMOR DESMESURADO, VOCACIÓN AL AMOR.

«Mira, Pep, me parece muy bien, muy bonito, nunca nadie me lo había contado así de fuerte y directo. A mí solo me dijeron: cuidado, no te quedes embarazada (o no embaraces a nadie), pero resulta que ya me he "entregado" 825 veces...».

Hay un libro que me encanta, *Virginidad 2.0* (Palabra) de otro amigo sacerdote (sí, tengo muchos amigos sacerdotes y muy buenos), el padre Jesús Silva Castigliani. El padre Jesús nos dice que hay mucha gente que pierde la virginidad, casi sin quererlo o por lo menos sin haberlo decidido de verdad. La presión del ambiente, la hipersexualización del mundo, el novio o la novia que insiste, las amigas que preguntan, unas copas de más, el verlo como algo tan normal en series y películas constantemente, tantas situaciones que te llevan a tener relaciones sexuales sin valorarlo seriamente, sin que de verdad sean una decisión pensada y libremente decidida. Uno puede perder la virginidad física y esa se perdió cuando se perdió, no hace falta buscar excusas ni justificaciones, físicamente se perdió, pero puedes recuperar una virginidad de corazón, esa virginidad 2.0 a la que hace referencia el padre Jesús, un decidir «voy a entregar mi cuerpo, todo, sin reservas, a la persona con la que decida casarme y compartir mi vida para siempre, con la que después de recibir el Sacramento del Matrimonio seremos UNA SOLA CARNE todos los días de nuestra vida». ¡¡Precioso!! ¿Recuerdas a los viejecitos de la joroba de los primeros capítulos? UNO CON UNA PARA SIEMPRE.

Incluso siendo novios. Qué bonito el testimonio de una buena amiga de mi hija Mariola, que después de 2 años viviendo con su pareja, decidieron dejar de tener relaciones sexuales y prepararse para el matrimonio:

Había escuchado hablar de aquello de la castidad en el noviazgo, pero tampoco tenía mucha formación y conocimiento. Sobre todo, pensaba: «Esto es una tontería. Si quieres a la persona, el sexo es una de las formas más bonitas de expresarlo» (...). Había tenido mi pasado de relaciones *random* (noches locas) con chicos desconocidos. Ya había pasado esa época. Mi relación ahora era seria y bonita, y yo defendía que la gente solo tuviera relaciones con alguien a quien realmente quieres. Y yo quería mucho a mi novio. De todos modos, no me estaba dando cuenta de algo muy importante: el noviazgo no es una entrega total a la persona. Todavía, no. El noviazgo sirve para conocerse y ver si realmente quieres tener un proyecto de vida y entrega exclusiva con el otro, juntos. Y, aunque yo lo tuviera muy claro, sabía que me iba a casar con él, todavía no habíamos dado ese paso. No habíamos sellado nuestra relación con el sí del compromiso eterno: tuyo para siempre, tuya para siempre. En alma y también en cuerpo. Por eso le planteé dejar de tener relaciones. Él, porque me quería mucho, lo aceptó. No fue fácil al principio. Nos costó. Pero para mi sorpresa, pasó lo siguiente... de esta lista, yo pensaba que todo ya lo tenía en la relación, pero me impresionó ver cómo incrementó: más escucha y presencia del otro, más tiempo de calidad hablando, haciendo más cosas juntos de las que ya hacíamos, más comprensión de las necesidades reales y profundas del otro, más cabeza sobre cómo tratarle y qué decirle para que se sienta querido, más conocimiento de la vida interior del otro, menos búsqueda del yo y más del tú (...). Vale la pena esperar. No se trata de restringir o prohibir, de aguantar sufridamente, sino de pensar que lo bueno realmente se hace esperar. Se trata de verlo dentro de un orden y una belleza que solo es para vosotros: marido y mujer. Nos hemos casado ya, y ahora doy gracias de que hiciéramos eso, pues nos ayudó a solidificar, consolidar, ordenar, embellecer y hacer más seria y más «nuestra» nuestra relación.

En el matrimonio, un hombre y una mujer se dicen el uno al otro, delante de Dios, que se van a querer, se van a respetar y se van a ayudar todos los días de su vida, TODOS, pase lo que pase, estén sanos o enfermos, tengan dinero o no lo tengan, SIEMPRE. Es ahí, en este contexto, y solo en este, donde las relaciones sexuales tienen todo su sentido. Una entrega LIBRE, TOTAL, FIEL Y FECUNDA. Estas características propias de la entrega sexual solo se pueden dar, en plenitud, en el matrimonio, con la persona a la que hemos escogido libremente, a la que nos hemos entregado totalmente, en cuerpo y alma, solo a ella, exclusivamente a ella para siempre. Estos adjetivos de la entrega (fiel, fecunda, libre, total...) solo se pueden dar en el matrimonio, donde el amor es de verdad total, fecundo, abierto a la vida. Además, ya me pongo profundo, pero para los cristianos esto es muy fuerte... un amor que es imagen del amor de Dios por su Iglesia, nuestra Iglesia, que también es libre, total, fiel y fecundo, una maravilla. La relaciones sexuales fuera del matrimonio no pueden cumplir las características propias de esta unión, serán libres, eso sí, pero no son totales, fieles ni fecundas. No son totales porque no se están dando dentro de una unión total: estás entregando tu cuerpo... pero no has entregado tu alma. El alma se entrega en el momento del matrimonio, en el mismo momento del Consentimiento, cuando nos decimos que nos entregamos y recibimos el uno al otro; solo allí, en ese preciso momento, entregamos el alma. Y solo consumamos el matrimonio cuando nos entregamos el cuerpo en una relación sexual, que une nuestros cuerpos haciéndolos uno, entrega total. Tampoco es fiel porque no nos hemos dicho «yo contigo para siempre», exclusivamente contigo, eso solo lo decimos en el momento del matrimonio, en el Consentimiento; puede que tengáis la intención de hacerlo, pero, como decía la del testimonio anterior, no lo habéis hecho todavía. Y raramente una relación fuera del matrimonio será fecunda, para los católicos las relaciones sexuales siempre deben ser fecundas, siempre abiertas a la vida, siempre con eyaculación dentro de la vagina de la mujer, que puede o no quedarse embarazada.

No dejes que el sexo fluya

Cuando empecéis una relación, es indispensable que habléis de sexualidad. Pienses como pienses, decidas llevar el tema de la sexualidad como quieras llevarlo, decidas tener relaciones sexuales o esperar al matrimonio a tenerlas, es imprescindible que habléis del tema desde el minuto cero, que la sexualidad «no fluya», sino que sea algo libre, pensado, que queréis. Si dejas que la sexualidad fluya, acabaréis en la cama, aunque no lo queráis porque, en sexualidad, un acto lleva al siguiente, un beso largo lleva a una caricia y una caricia a otra más íntima; y todo son preliminares que preparan los cuerpos para el encuentro; pero que hay que conocer, valorar, saber qué queréis y cómo lo vais a llevar. Hablarlo a fondo, con detalles y sin vergüenza, que no fluya. O como dice Jokin de Irala, no «te deslices».

¿Y qué pasa si quieres vivir la castidad? Vivir un noviazgo casto es una decisión lícita, aunque a mucha gente de nuestro tiempo le parezca que los que decidimos vivir así estamos locos. En las redes sociales, muchas veces me han tachado de «casposo» por promover la castidad entre novios, y no lo soy. Primero, porque uso champú H&S, que me evita la caspa, y segundo, porque vivir así el noviazgo es una decisión libre, decidida y pensada. Haz lo que quieras, pero hazlo porque quieres. ¿Qué quieres? ¿Lo has pensado? Por algo tenemos la capacidad de razonar… Piensa, no te dejes llevar solo por el instinto o por el ambiente; a mí el que «todos lo hagan» no me sirve. Decido vivir de una manera porque me da la gana y porque considero que es la mejor manera de vivir e influirá positivamente en mi vida. Esto es de lo más libre que hay, de lo más arriesgado, de lo más radical.

Es una decisión que os animo a considerar. ¿Cómo quiero vivir la sexualidad? ¿Cómo queremos vivir-la como pareja? ¿Cómo quiero que sea mi vida y mi amor en el futuro? ¿Voy en esta dirección ahora con mis decisiones actuales?

La castidad es un regalo. La castidad no es no tener relaciones sexuales, la castidad es vivir la sexualidad según el estado de vida de cada uno.

Además, las relaciones sexuales están limitadas al matrimonio porque tienen dos finalidades: la UNITI-VA y la PROCREATIVA, igual de importantes las dos. En una relación sexual existe una explosión hormonal en la que se segrega a raudales (entre otras hormonas) la oxitocina, la famosa «hormona del amor» u «hormo-na del abrazo» (suena cursi). Esta hormona, segrega-da en el cerebro, provoca sentimientos de satisfacción, calma y seguridad, que se asocian a la unión de la pa-reja. También se segrega esta hormona en el amamanta-miento del bebé, aumentando el vínculo materno-filial. No hay duda de que las relaciones sexuales unen, es-tán pensadas para ello, para unir intensamente a la pa-reja. Por esto, cuando una pareja sin estar casada tiene sexo, esa unión hace que la ruptura sea mucho más difícil, muchísimo más dura que si no se han tenido relaciones.

«El hombre dejará a su padre y a su madre, se unirá a su mujer y los dos serán una sola carne».

Tres veces lo dice la Biblia: en el Génesis (2, 24), en el Evangelio de Mateo (19, 4-6) y en la Carta de san Pablo a los Efesios (5, 2a. 25-32). Pocas cosas quedan tan claras en las Sagradas Escrituras como para que vayamos entregando nuestro cuerpo al primero que pase. Que no, hombre, que no, que la sexualidad es un regalo que Dios nos ha hecho a los seres humanos, un regalazo que, bien utilizado, es una maravilla, y mal utilizado es un desastre, no hace falta ser muy lince para verlo y vivir sus consecuencias en nuestro entorno.

No es un tema religioso, es un tema antropológico, humano. No es un capricho de la Iglesia limitar la relación sexual al matrimonio cristiano, ni un tema, como tantas veces parece, de castigo y prohibición. La Iglesia no quiere fastidiar al personal. Sus indicaciones respecto al sexo y al matrimonio tienen que ver con el conocimiento que tiene la Iglesia de la naturaleza humana y de la importancia que le da al amor. No es cuestión de prohibir o de pecar. Es un tema de aprender a amar de verdad para poder ser felices en la tierra y después para siempre en el Cielo. La Iglesia sabe que el hombre está llamado a amar y a entregarse, y que es eso lo que le hace feliz de verdad, y también sabe lo infeliz y desgraciado que puede llegar a ser cuando no ama ni es amado, cuando se siente engañado, roto, utilizado.

La sexualidad es algo inmensamente bello, las relaciones sexuales en un matrimonio son como hacer oración, son el abrazo íntimo de dos cuerpos que nos hace semejantes a Dios, la imagen más perfecta del Dios Trinitario. Los esposos amamos a Dios a través del cuerpo de nuestro cónyuge, tener relaciones sexuales dentro del matrimonio es hacer oración, es estar en intimidad con Dios, es algo que tiene un valor eterno, por eso tantas veces le digo a mi mujer: ¡¡Vamos a rezar, cariño!!

San Josemaría decía que bendecía la cama matrimonial con las dos manos, como se bendice un altar.

Recuerda: «Haz lo que quieras, pero hazlo porque quieres». Si decidís vivir la sexualidad así, esperando al matrimonio para tener relaciones, hay que hablarlo a fondo en el noviazgo y hay que poner los medios para conseguirlo.

¿Hasta dónde puedo llegar?

Una pregunta habitual sobre este tema, más frecuente entre el público masculino, es: ¿HASTA DÓNDE PUEDO LLEGAR CON MI NOVIA/O? Los jóvenes esperan que, en la respuesta, hable de anatomía con tiempos y fronteras, manos y genitales... pero la respuesta es mucho más clara: puedes llegar hasta donde te gustaría que llegaran con la que va a ser tu esposa, hasta ahí. Porque la novia que tienes ahora, aunque estéis muy enamorados, puede que no acabe siendo tu mujer y que la que será tu esposa ahora sea novia de otro... ¿Qué quieres que hagan? ¿Hasta dónde quieres que lleguen? Pues eso. «Entonces, ni tocarla», ja ja ja ja, tampoco es eso. Las muestras de afecto, besos y caricias propias del noviazgo son distintas de las muestras de cariño que se tienen los esposos.

Entiendo que esta parte del libro te parezca muy *heavy* porque voy radicalmente en contra de lo que transmite el mundo, ¿cómo funcionan las películas y series?, ¿cómo tratan el tema afectivo-sexual? Lo «normal» es que una pareja se conozca en cualquier situación habitual, se citen para cenar y saliendo del restaurante, sí o sí, «en tu casa o en la mía», se peguen un buen revolcón, y si acaso mañana ya nos empezamos a conocer. Nos hemos creído que las cosas funcionan así, primero el sexo y después ya veremos. Además, si en alguna serie alguien se plantea la sexualidad tal como os la propongo, exclusivamente en el matrimonio, siempre es un tipo raro, el pringado, que no te extrañe que acabe siendo el malo de la película.

Otro aspecto que veo que os interesa mucho tanto a hombres como a mujeres, y especialmente a gente creyente que quiere vivir la castidad, es EL PASADO SEXUAL de tu pareja. Muchos no han tenido relaciones sexuales y se enamoran de alguien que ya las ha tenido, costándole asumir el pasado sexual de su novio/a. Es importante hablarlo, hay que preguntar sin atosigar y responder sin entrar en detalles; es importante saberlo pero no hace falta recrearse en el tema. El pasado pasó, y ya hemos dicho que siempre estamos a tiempo de reiniciar una segunda virginidad, una virginidad del corazón. La confesión es un regalo: borrón y cuenta nueva.

Terminada una charla para adolescentes, me escribió un chaval muy joven, realmente preocupado por este tema que les había planteado en la charla. Llevaba un tiempo saliendo con una chica y estaban muy enamorados. Él había tenido relaciones sexuales con una prostituta unos meses antes de salir con su novia y, después de oír la charla, le preocupaba tener que contárselo. «¿Pep, qué hago? ¿Se lo cuento?». «Sí, se lo debes contar», le contesté. «Sin entrar en detalles, no hace falta. Debes decirle que ya has tenido relaciones sexuales, y además hazte una analítica para descartar enfermedades de transmisión sexual (ETS), muy frecuentes y supercontagiosas». No hace falta ir a un prostíbulo para contagiarse, las ETS están a la orden del día y se habla muy poco de ellas.. Ya sabes, el sexo más seguro: uno con una para siempre.

«VIVE EL PRESENTE PARA QUE EN EL FUTURO NO TE ARREPIENTAS DEL PASADO».

Esta frase es de mi amiga Natalia Barcáiztegui, otra grande de la afectividad que tiene un libro que te puede gustar: *Sexualidad en la generación del rollo* (Rialp). Recuerdo que lo subrayé entero.

Me gusta tanto dar una visión alegre y preciosa del sexo, que no me cansaré de proclamarla. Dios nos pensó así, hombre y mujer que, cuando unimos nuestros cuerpos, somos ciertamente imagen de Dios, comunidad de amor con poder creador, ¡brutal! El amor del Padre y el Hijo engendra al Espíritu Santo, el amor de los esposos puede engendrar un hijo... Todo es una cuestión de amor, amor de verdad, de entrega libre, total, fiel y fecunda que, bien vivida, nos dará la felicidad, el Cielo en la tierra. Si empezamos a poner parches, condiciones, plásticos y hormonas, se perderá la sacralidad de este gran misterio.

Y, ya que estamos profundos, voy a añadir algo: en esta tierra solo hay otra unión más intensa entre dos cuerpos que la unión entre un hombre y una mujer en el encuentro sexual: la Eucaristía. En la Eucaristía nos comemos a Cristo, literalmente nos comemos su cuerpo, es un intercambio de almas y cuerpos, nos hacemos uno con ÉL.

Lee despacio:

Recibir el cuerpo eucarístico de Cristo no es, por tanto, únicamente ocasión de un «corazón a corazón» con Jesús; es también —y en sentido propio— un «cuerpo a cuerpo» de cada uno y cada una de nosotros como miembro de la Iglesia-esposa con el Cristo-esposo. (...) En consecuencia, los esposos no pueden estar unidos más plenamente que en la comunión eucarística, de la que es figura su unión y en la que se ofrecen el uno con el otro, y en comunión con los otros miembros de la Iglesia, al único Esposo. Por eso la Eucaristía debe ser para ellos una ocasión de perpetua regeneración de su unión nupcial. La Eucaristía no es solo el sacramento donde toman los esposos la fuerza que necesitan para vivir las exigencias de su vida conyugal. Es la consumación plena de los que tienen vocación de vivir en la entrega esponsal que se hacen el uno al otro. Yves Semen, *La espiritualidad conyugal según Juan Pablo II.*

¡Heavy Metal! Como para pegarse un «tomate» en el maletero del VW Polo...

Si no eres católico, debes de alucinar, y lo entiendo, no es para menos, pero es algo tan precioso que tenía que contártelo, aunque te creas que estoy para encerrar. Si eres católico, te aconsejo que profundices en la belleza del acto conyugal. Lee sobre la Teología del cuerpo de san Juan Pablo II (Christopher West, Jason Evert, Yves Semen...) y cambia tu visión sobre el sexo. Hay que leerlo lento, no es fácil de entender, pero es una auténtica maravilla.

7. Hablar, hablar, hablar, hablar, hablar, hablar, hablar, hablar, hablar y diez veces hablar. ¿Qué tienen que hacer los novios? ¡¡Hablar!!

Cambiemos de tercio. Por si no ha quedado claro, vamos a hablar de hablar...

Sin ninguna duda, la finalidad más importante del noviazgo es conocerse, y para conocerse hay que hablar, no hay otra.

Hay que conocerse para empezar a salir. ¿Cómo vamos a empezar a salir con alguien que no conocemos? Hay que empezar a salir para seguir conociéndose para poder discernir y, después de conocerse a fondo, decidir acabar con el noviazgo.

¿Acabar con el noviazgo? Sí. Los noviazgos siempre son para dejarlos: o te casas o lo dejas, no hay otra. Demasiados noviazgos enquistados, que no progresan, siempre con la duda y el miedo al fracaso. Noviazgos eternos que, si no avanzan, acostumbran a acabar mal.

Actualmente hay muchos noviazgos que parecen matrimonios y muchos matrimonios que hacen lo que hay que hacer en el noviazgo.

¿Cómo puede ser que tantas parejas sean novios varios años, incluso convivan unos años más, y a los pocos meses de casarse, se separen? Todos conocemos casos parecidos, parece increíble y es, lamentablemente, bastante frecuente.

Otra anécdota brutal: un matrimonio fue invitado a la boda de unos amigos que habían sido compañeros de universidad. Hacía bastante tiempo que no se veían. Al final de la boda, cuando ya se despedían las dos parejas (el matrimonio que me lo contaba y los recién casados), quedaron en que al regresar de la «luna de miel» se llamarían para cenar. Los novios eran de fuera de Barcelona pero, de vuelta del viaje, llegaban al aeropuerto de la ciudad donde mis amigos les esperarían para salir a cenar, antes de partir hacia su ciudad de residencia. ¿Cuál fue la sorpresa? Que cuando faltaban pocos días para la llegada, el novio llamó a su amigo para decirle que se suspendía la cena, que el viaje había ido muy mal y que decidían separarse... ¿Cómooooo?.... En el viaje de novios, lo que lees, increíble, deciden separarse en la luna de miel, *heavy metal*.

Resulta que la pareja llevaba un tiempo muy mal, malos entendidos y muchas discusiones. Pensaron que quizá la boda solucionaría su situación y nada más lejos de la realidad: NUNCA UNA BODA PUEDE SOLUCIONAR UN MAL NOVIAZGO, craso error.

Lo que pasa es que hay muchos novios que lo pasan muy bien, que se divierten juntos, tienen mucho sexo, viajan y comparten aficiones o deportes, buenos restaurantes, parece que todo es perfecto PERO NO SE CONOCEN, NO SE CONOCEN, REPITO: ¡¡NO SE CONOCEN!! Deciden casarse porque se lo pasan bien juntos y les parece que se lo van a pasar bien siempre y es entonces cuando, una vez casados, se empiezan a plantear los temas realmente importantes de la vida, dándose cuenta, muchas veces, de que no piensan lo mismo. No habían hablado siendo novios, solo se habían divertido o, como mucho, habían hablado de temas superficiales, sin profundizar en temas importantes. Hay muchos novios que me cuentan que no quieren tocar según qué tema importante, porque cada vez que lo hablan, discuten. Ese tema queda pendiente. Si es un tema importante, sí o sí, hay que hablarlo, porque la vida misma os lo planteará. Debemos saber cómo lo afrontaremos o, al menos, saber qué piensa cada cual de temas y situaciones importantes. Si no se habla, una vez casados, pueden surgir desavenencias y diferentes maneras de pensar, y no te digo nada cuando llegan los hijos, o mil circunstancias que no nos podemos ni imaginar.

¿DE QUÉ HAY QUE HABLAR EN EL NOVIAZGO?

Lo más importante es tener el hábito de hablar y hablar de todo. El papa Francisco, en la exhortación apostólica *Amoris laetitia* (lectura obligatoria), nos dice a los matrimonios, y creo que se puede hacer extensible al noviazgo, que lo que debemos hacer las parejas es «culturizarnos» juntos, tener muchos temas de interés mutuo que nos ayuden a mantener largas y fantásticas conversaciones. Si no tenemos el hábito de hablar, nos costará un montón mantener conversaciones sobre temas importantes.

Antes de proponer los cinco temas imprescindibles de los que hay que hablar antes de casarse, me gustaría comentar algo que es muy interesante, y me atrevería a decir que lo es más para las chicas.

CHICAS: NO ABRÁIS EL CORAZÓN EN EL PRIMER CAFÉ.

Cuando conocemos a alguien, además nos resulta atractivo y parece que empieza a despertar nuestro interés, hemos de ser cautos en la conversación: no hay que abrir ni el corazón ni las piernas en la primera cita, ni en la segunda. La ilusión del momento, el interés del que escucha (muchas veces simulado, que les conozco) nos hacen sentir bien y sin apenas conocerle le abrimos el corazón de par en par. No corras, no quemes etapas, poco a poco, no tengas prisa, saborea la conversación, conócelo/a.

Se dice que la conversación puede tener cinco niveles de intimidad:

El primer nivel es hablar de COSAS: típica conversación superficial, de ascensor, ¿no le contarás tu vida al vecino del tercero? Tampoco se la cuentes al que acabas de conocer. Se habla del tiempo, de deportes, de cine, teatro, de lo que has comido o de lo que has visto en la calle, qué sé yo, de mil cosas. Es un nivel muy superficial de conversación, pero te ayudará a empezar a conocerlo/a, y puede que, solo con temas superficiales, por su manera de hablar o de expresarse, pierda todo el atractivo. De hecho, este tipo de conversación superficial puede dar para mucho, los temas son infinitos y, si además compartimos aficiones y gustos, puede no tener fin; pero es el primer estadio para relacionarse con alguien.

Recuerdo que, cuando era joven, conocí a una chica guapísima, me acerqué a hablar con ella y fueron necesarias veinte palabras para darme cuenta de que «la guapísima» no me gustaba nada... Como el chiste del que conoce a una chica muy guapa pero que no hablaba nada y se acercó a ella para preguntarle: «Oye,

¿cómo es que no dices nunca nada?». A lo que ella respondió. «¿Pa qué? ¿Pa cagarla...?». Pues eso.

Hay muchos novios que no pasan de este primer nivel de conversación, solo hablan de cosas superficiales, muy triste.

El segundo nivel es hablar de los OTROS, DE PERSONAS, siempre bien, nada de criticar a nadie; sigue siendo una conversación superficial, pero que ya empieza a definirte más: amigos en común, personas a las que admiras, algún referente, vidas apasionantes, gente famosa, ejemplos de vida...

El tercer nivel es hablar de mis IDEAS: aquí ya hablamos de cosas que cada uno de nosotros pensamos, de cosas que nos interesan. Es importante no involucrar al otro todavía, cada uno expone sus ideas sociales, políticas, cómo te gustaría que fueran las cosas, el mundo, la vida. Aquí ya vemos mucho mejor aspectos importantes de la vida del otro, ya empieza a ser una conversación interesante y muchas veces es, a este nivel, donde nos damos cuenta de que, aunque nos gustemos, no congeniamos o no encajaremos. Tenemos ideas demasiado distintas para que lo nuestro funcione. Fíjate, hablando de cosas, en el primer grado de la conversación, ya podíamos darnos cuenta de que alguien no nos gustaba; ahora, en este estadio, hablando de ideas, podemos detectar que alguien que nos gusta no nos conviene...

El cuarto nivel es hablar de mis SENTIMIENTOS: es un nivel de conversación muy superior, me muestro tal como soy, hablo de lo que me ocurre y de lo que siento. Todavía es una conversación unidireccional, hablo de cómo me siento yo. Aquí, claramente, ya me doy a conocer, abro el corazón, pero todavía no comparto lo que pueda empezar a sentir por mi interlocutor. Este es el nivel de conversación que muchas veces precipitamos, y le abrimos el corazón a alguien que ni se lo merece ni le importa: precaución en este apartado... no sea que te utilicen y te sientas muy mal después.

El quinto nivel sería COMPARTIR LOS SENTIMIENTOS. Este es el nivel más avanzado de conversación y al que debemos aspirar, no solo expresar los propios sentimientos, sino escuchar y empatizar, o no, con los sentimientos del otro. Solo así se construye una relación sólida que nos ayuda a conocernos en profundidad; una conversación esperada y deseada, una conversación a fondo que es imprescindible para conocernos bien, qué sentimos el uno por el otro.

No podemos empezar la casa por el tejado y, al primero que conocemos, le contamos lo que sentimos y lo que nos pasa; tampoco hay que llevar una libreta e ir tachando los niveles de conversación adecuados a los cafés que nos tomamos, y ser un robot que pasa al siguiente nivel cuando has agotado el anterior. Creo que es una orientación que nos puede ayudar cuando nos estamos conociendo. Cuántas veces alguien te puede resultar muy atractivo y, al compartir cuatro palabras, te das cuenta de que es insoportable; o al revés, alguien que no te gustaba nada, al que ni veías, recordando a mi amigo transparente, y su conversación te acaba enamorando.

Sin prisa, pero sin pausa.

¡Qué agradable es cuando una pareja os encontráis, y poco a poco vais avanzando en el conocimiento mutuo, que te ayuda a saber si la relación puede prosperar o no! Estas primeras conversaciones son más que agradables. ¿Cuántos novios han tenido una cita que empezó en una cena y terminó con la salida del sol, hablando y hablando sin parar, viendo cómo y en qué congeniamos? Es una etapa fantástica, aprovéchala.

No nos encontramos con una relación, como si nos tocara la lotería, nos encontramos una persona con la que poco a poco iremos construyendo juntos una relación.

LA RELACIÓN NO SE ENCUENTRA, LA RELACIÓN SE CONSTRUYE.

Hay muchas mujeres que, ante un hombre que parece que les mira y les escucha con interés, que además a ellas les gusta, le cuentan su vida, abren su corazón de entrada, y tantas veces (con perdón) el cabrón solo quería «tomate» (sexo). Muchísimas jóvenes me escriben comentando que se han sentido utilizadas en este sentido, engañadas: «Creía que me hacía caso», «me miraba con atención», «de verdad que parecía que me entendía»... Y ante estas situaciones se decepcionan, y después les cuesta volver a confiar en alguien, me dicen: «Todos los hombres son iguales, siempre piensan en lo mismo». No es verdad, no todos somos iguales en este sentido. No queráis correr, poco a poco, no queméis etapas. Hay que saber decir que no, tener claro que los hombres y las mujeres somos distintos, aunque ahora quieran vendernos lo contrario. Es evidente que podemos hacer las mismas cosas y debemos tener los mismos derechos y obligaciones.... ¡por supuesto! Pero eso no quita reconocer que somos radicalmente distintos y, en el tema de la comunicación, estas diferencias son muy evidentes. Como siempre, hay de todo en todas partes, pero en general las mujeres tendéis a expresar mucho más vuestros sentimientos y necesitáis compartirlos y los hombres, en cambio, somos mucho más básicos, nos encanta dar soluciones y somos más escuetos en la conversación. A las chicas os suele gustar mucho más hablar que a nosotros, que acostumbramos a ser más parcos en palabras, aunque conozco a alguno que se enrolla como una persiana, y no miro a nadie. Estas diferencias en la manera de comunicarnos propias de cada uno pueden provocar incomprensiones. La mujer le suele dar más vueltas a los temas, el hombre muchas veces pasa y la chica, aunque escuchada, se puede sentir desatendida. Incluso cuando las cosas funcionan bien en la relación, la chica tiene más necesidad de contarlo y seguir compartiendo cómo se siente con el novio que, como todo va bien, no tiene necesidad de hablar más del tema... Esta manera distinta de ser y de comunicarse puede ser motivo de discusiones entre los novios. Para la chica son cosas evidentes, y parece que él no pone ningún interés, o se preocupa poco, y sin embargo, al novio le parece que ya ha hecho lo que tenía que hacer.

¡Cuántas veces había ido a recoger a mi novia a su casa y al subir Mercè al coche, me daba cuenta de que claramente estaba enfadada y realmente no sabía el motivo!

Chicas, debéis entender que los hombres podemos ser «cortitos» en este aspecto y no vemos mucho más allá de las cosas concretas que nos decís o preguntáis. No os enfadéis, contadnos las cosas y tened paciencia. Chicos, tenemos que ser todo oídos para nuestras novias y esforzarnos en preguntar aunque nos cueste y seguir conversando aunque pensemos que lo tenemos todo claro.

Los temas de conversación en el noviazgo deben ser infinitos, pero hay cinco cuestiones que son de conversación obligatoria antes de casarse.

Cinco temas de los que hay que hablar obligatoriamente antes de casarse:

1. Fe, creencias, espiritualidad
2. Familia amplia
3. Tener hijos
4. Educar a los hijos
5. Trabajo en casa y fuera. Dinero

Estos cinco temas engloban la mayoría de situaciones que crean conflictos en el matrimonio: hay que trabajarlos a fondo, son de conversación obligatoria para los novios antes de la boda.

Hay que hablar de ellos con ilusión, soñando a lo grande, para bien y para mal. Es bueno imaginar muchas situaciones para hablar de cómo actuaríamos, o cómo pensamos que actuaremos. Por mucho que hablemos y soñemos, nunca podremos ni imaginar las situaciones que nos deparará la vida. Cuanto más hablemos, mejor nos conoceremos, más disfrutaremos y tendremos más argumentos para discernir.

Como en todos los temas de afectividad, tampoco hay que obsesionarse, pero es evidente que cuantos más temas toquemos, mejor, y más herramientas tendremos en el futuro para afrontar la vida matrimonial, que, recuerda, es para siempre, para siempre, para siempre. No es broma: es para siempre.

Veréis que cuando, una vez casados, os encontréis con multitud de situaciones concretas, vais a recordar las conversaciones que tuvisteis sobre el tema cuando erais novios. Os hará gracia y os ayudará, sin ninguna duda. Pero también es verdad que la vida es tan cambiante y complicada que, a lo mejor, lo que parecía que teníais muy claro cuando erais novios, cuando sucede en la vida real, no es tan fácil de afrontar como pensabais. Aun así, todo lo que tengáis hablado, incluso discutido, os ayudará un montón, además de fomentar el hábito de hablar, tan importante en el noviazgo y capital en el matrimonio.

Vamos a ver esos temas importantes de conversación obligatoria.

Hablar de fe, creencias, espiritualidad

Este es un tema fundamental y estoy seguro de que es algo que os preocupa a muchos de los que habéis comprado este libro. Puede ser que a ti no te preocupe, pero no hay duda de que es un tema muy importante.

Casi os diría que, por mi condición de católico, uno de los temas que con más frecuencia me preguntan los jóvenes ennoviados es:

«Soy creyente y me he enamorado de alguien que no tiene fe, ¿qué hago?».

Es un tema que te interesa, ¿verdad? Vamos a por él.

Os he de confesar que, cuando no tenía novia, en mi cabeza solo tenía una condición, un solo requisito indispensable, lo demás se podía «negociar»: que mi novia fuera católica. Por eso os entiendo muy bien a los que tenéis este requisito como el más importante para elegir a la persona con la que deseáis compartir la vida.

Entonces los católicos ¿solo podemos enamorarnos de católicos? Es evidente que no, no debemos cerrar la puerta a nadie. Pero sí que debemos tener muy claro lo que queremos, porque ser católicos no es cumplir unas normas, ser católico no es solo ir a Misa el domingo, es muchísimo más que eso. Aunque sí es cierto que la Santa Misa es lo más importante que una persona puede hacer en esta tierra, ser católicos es VIVIR de una manera muy concreta. Querer ser un buen católico, tal como está el mundo actualmente, significa ir contracorriente y eso no es fácil. Creer en Dios y estar enamorado de Cristo engloba tu vida entera, afecta a todas las facetas del día a día, y es por eso que, para un católico que quiere vivir su fe, no es fácil compartir la vida con alguien que no lo entiende.

Nos tenemos que plantear qué fe tenemos y cómo queremos vivirla, en el noviazgo y en el futuro, si finalmente nos casamos.

En los años ochenta, la mayoría de la gente en España se casaba por la Iglesia, la unión civil era minoritaria y las parejas de hecho no existían. En muchos casos no era un tema de convicción, sino más bien de tradición. Todos nos casábamos en la Iglesia, pero es evidente que no todos estaban convencidos de lo que hacían. Recuerdo amigos míos que, aunque bautizados, no compartían la fe y, sin embargo, se casaban canónicamente. Muchas veces para que la familia estuviera contenta y para darle más pompa a la celebración, o simplemente porque era lo habitual, lo que hacíamos todos, no había ni que planteárselo. Actualmente es todo lo contrario, se casa muy poca gente, y entre los que se casan, son una minoría los que se casan por la Iglesia. Aunque sí es cierto que quizá los matrimonios que reciben el sacramento en nuestros días están mucho más convencidos de lo que hacen y deciden actuar contracorriente, ante la extrañeza de familiares y compañeros de trabajo que alucinan de que alguien se quiera casar en la Iglesia y para siempre.

Si eres católico, este es un tema muy importante para ti, que hay que hablar a fondo, no sirve el famoso «ya le convertiré». La fe es un don de Dios y la da Dios a quien quiere, como quiere y cuando quiere. No podemos pretender que seamos nosotros los que convirtamos al novio/a, aunque de corazón deseemos que se acerque a Dios. Tenemos que rezar por esa conversión y, sobre todo, tenemos que ser muy coherentes con nuestra fe para que la pareja vea y viva que la religión, la fe, es algo fundamental en nuestra vida, que realmente nos es imprescindible para vivir y que nos ayuda en todo cada día. No podemos andar con sermones ni con catequesis obligatorias, debemos vivir y platicar con el ejemplo y la alegría que tenemos, o deberíamos tener, los que nos sabemos hijos de Dios.

¿Cuántos católicos quisieran la conversión del novio pero ellos no actúan como verdaderos cristianos? Entonces el novio verá claro que la religión para ti no es tan importante como parece, porque una cosa es lo que dices y otra, cómo te comportas. Como dice mi amigo Oriol Jara (por cierto, tiene un buen libro: *Diez razones para creer en Dios*, Albada): «Ser católico es ser un verdadero antisistema, eso es lo más *punky* que hay en nuestros días». Es evidente que esta manera de vivir debe chocar a nuestra pareja: si somos auténticos y coherentes, nuestra pareja verá la fe como lo que es, un regalo que nos cambia la vida, una forma de vivir, una forma de ser.

Cuidado con las «falsas conversiones para ligar», y no lo digo en broma. Oigo a católicos enamorados de alguien que no lo es, decir: «Me acompaña a Misa». De acuerdo, está muy bien y puede ser un primer paso; pero cuidado, sed sinceros. Yo tengo varios amigos que para ligar con una católica iban a Misa y rezaban lo que hiciera falta, y una vez casados no volvieron a pisar una iglesia en su vida.

La conversión es un encuentro personal con Cristo, que siempre está esperando que le abramos la puerta de nuestro corazón, pero hay que abrirla desde dentro. No podemos abrir la puerta de la casa del vecino ni la puerta del novio. Cada uno abre la suya, y, cuando la abres, el Señor entra hasta llenarte el corazón, sin medida; pero Él nunca la abrirá a la fuerza, aunque podría. Es un misterio, un gran misterio que otra vez encuentra su explicación en la palabra libertad: nos ha creado totalmente libres. Si tú no lo quieres, Dios no invadirá tu intimidad, pero solo hace falta que le abras una rendija para que Él actúe en ti de una manera desmedida. A Dios no hay quien le gane en generosidad, pero nosotros debemos quererlo, la puerta del corazón es una puerta que se abre desde dentro. DIOS NO ES UN OKUPA.

Cuando hablo de este tema por las redes, siempre hay mucha gente que me escribe y me cuestiona: «Pep, yo estoy casada con un ateo que respeta mi fe y somos muy felices». «La fe es algo personal, cada uno puede tener la suya, no importa en el matrimonio». «Lo único importante es que haya respeto». Y no te digo que no, pero que lo sepas antes de casarte. No voy a ser yo quien os diga con quién os tenéis que casar, pero es evidente que el tema de la fe hay que hablarlo a fondo porque, con los años, y mucho más cuando tengamos hijos, será motivo de discusión, se plantearán situaciones complejas.

Si nos casamos por la Iglesia, adquirimos el compromiso de educar cristianamente a nuestros hijos. Es la tercera pregunta del escrutinio previo al Consentimiento, y es muy difícil educar a los hijos en la fe cuando uno de los dos no colabora, aunque nos respete. Hace falta mucho más que respeto, porque, y sé que me repito, la fe se transmite con la vida, no con sermones. Nos tenemos que hacer preguntas a fondo en el tema de la fe: ¿qué fe tengo yo? ¿Cómo la vivo? Muchas veces exigimos la fe de nuestra pareja y no nos hemos parado a pensar cómo vivimos la nuestra, o siquiera si la vivimos, o simplemente creemos que la tenemos porque fuimos a catequesis a la parroquia para preparar la primera comunión, o porque nos viene de familia. ¿Qué fe tienes tú? ¿Qué fe vamos a transmitir? ¿Cómo lo haremos?... Es evidente que puedes conocer a alguien que no crea y se acerque a la religión gracias a tu fe. También puede pasar lo contrario, y lastimosamente es bastante más habitual, que poco a poco seas tú el que te apartes, porque la decisión de abandonar la fe, de dejar de recibir los sacramentos pocas veces es una decisión meditada o tomada después de un profundo estudio teologal o filosófico, casi siempre es un tema de descuido, un «poco a poco», un domingo no vas a Misa porque estabais esquiando y llegaste tarde, y te duele no haber ido; el siguiente duele menos y a los tres meses ya ni te acuerdas... ¡Tampoco hay para tanto! Lo realmente importante es valorar cómo vivimos nuestra fe, cómo vive la fe nuestra pareja, y decidir si nos vemos capaces de compartir la vida pensando como pensamos y siendo coherentes con lo que creemos.

Además, si nos casamos por la Iglesia, antes del momento del matrimonio, que es cuando leemos el consentimiento, nos hacen tres preguntas, el famoso escrutinio o interrogatorio. Hay que contestar, los dos al unísono, afirmativamente a las tres para que el matrimonio sea válido. Resumiendo, nos preguntan: «¿Venís a contraer matrimonio libremente, sin ninguna coacción? ¿Estáis dispuestos a vivir según el estado de vida del matrimonio durante toda la vida?». Y en la tercera pregunta del escrutinio se nos dice: «¿Estáis dispuestos a acoger de Dios, amorosa y responsablemente, los hijos y a educarlos según la ley de Cristo y de su Iglesia?». Y contestaremos que «sí», que estamos dispuestos, los dos, que quiere decir que, cuando uno se casa con alguien que no es católico, el que no lo es, no solo debe respetar, sino que debe facilitar la educación cristiana de los hijos. Es un tema muy serio, importantísimo, que no te pille por sorpresa.

Compartir y vivir la fe en el noviazgo y el matrimonio es algo increíble, merece la pena, no bajes el listón en este aspecto. Hablad a fondo, repito. Sin ser pesado, sé muy coherente y vive tu fe con mucha alegría, eso cambia los corazones.

Si eres una persona católica, el tema de la fe, como la vais a vivir, como la vais a transmitir, me atrevo a decir que es el tema más importante, sin ninguna duda, el que debéis hablar más a fondo. No sirve decir: «Los dos hicimos la Comunión», «los dos fuimos a colegios católicos» o «somos de familias cristianas». ¿Estamos dispuestos a vivir en serio nuestra fe, en el noviazgo, y después en el matrimonio, y a transmitirla a nuestros hijos si los tenemos? ¿Vamos a ser ejemplo de matrimonio cristiano, de verdad? ¿Vamos a ser capaces de transmitir la alegría del matrimonio a los demás? ¿Estamos dispuestos, de verdad, a cambiar el mundo...? Sí, sí, en este plan, a saco, pienso que se ha terminado la época de los cristianos descafeinados, de los «calientabancos» de las parroquias. Hay que «salir del armario», tenemos esta obligación. Hay tanta gente que nos espera, Dios tiene prisa. Pero recuerda: nada de sermones, ni broncas, con alegría, con entusiasmo, bailando. ¡¡Vamos a fulminar las estadísticas!! Que se case todo el mundo y se case bien, que es lo mejor, ¡que no hay nada igual para disfrutar en este mundo...! Sí, lo sé, me he venido arriba... pero es lo que pienso. Con la ayuda de Dios, ¡a cambiar el mundo! Y el mundo cambia mejorando tu entorno, tu noviazgo, tu matrimonio, tu familia, tu trabajo... y, si todos lo hacemos, lo conseguiremos, seguro, no hay otra manera de hacerlo.

Además, si sales con un cristiano convencido de verdad, es un chollo, porque los cristianos debemos tener inscrito a fuego en nuestro ADN la alegría, el perdón, el esfuerzo, el saber que somos frágiles y debemos levantarnos después de cada caída, debemos saber que nuestro camino al Cielo es nuestro marido, nuestra mujer y estamos dispuestos a dar la vida por ello.

Si eres creyente, este punto es fundamental. Si tu pareja no cree, no digo que no pueda funcionar, recuerda: hay tantas relaciones como parejas en el mundo, cada una con lo suyo, sus cosas buenas y sus cosas pendientes, hablad a fondo y acercaros a Dios, aunque solo sea por curiosidad, dejad los prejuicios y abrid vuestro corazón, el Señor no falla nunca. Continuará...

Hablar de la familia amplia

Cuando te enamoras de alguien, te enamoras de él, no te enamoras de sus padres ni de sus hermanos. Pero su familia es muy importante para vuestra relación, porque lo es para tu pareja. Yo siempre digo que hay que querer a la familia política, aunque no se lo merezca, porque es la suya, y la buena relación familiar a todos los niveles es imprescindible para que vuestro matrimonio sea feliz.

Hay que hablar mucho de este tema, nos tenemos que plantear mil preguntas:

¿Todos los domingos comeremos en casa de tus padres? ¿El sábado con una familia y el domingo con la otra? ¿Y nosotros solos? ¿Tu madre tendrá llaves de casa y podrá entrar cuando quiera? ¿Cada día tienes que verte con tu mamá... o papá? ¿Los cuñados, tus hermanos, siempre vendrán a casa a ver el fútbol? ¿Todas las vacaciones en casa de la abuela con «tropecientos» parientes?

Cuando hablamos de estos temas, ya he dicho que hay que soñar, para bien y para mal.

¿Qué piensas si en el futuro alguno de nuestros padres necesita venir a vivir con nosotros? ¿Podremos tirar de abuelos como canguros? ¿Cuando haya una necesidad, o por norma? ¿Tenemos que vivir cerca de tus padres?...

Es evidente que no vas a hablar de estos temas en el segundo café, pero es importante que antes de la boda, y conociendo la situación familiar de cada uno, se planteen estas e infinidad de preguntas similares que nos puedan dar indicios de cómo será la relación familiar amplia en el futuro.

De la relación con la familia política ya hablaremos en un capítulo aparte.

Hablar de tener hijos

Ya os he dicho que, con Mercè, damos cursos prematrimoniales en nuestra parroquia y alucinamos cuando a la pregunta «¿cuántos hijos os gustaría tener?», muchas veces vemos discrepancias importantísimas entre la pareja, u otras veces, con sorpresa, vemos que es un tema que, parejas que llevan tiempo saliendo, e incluso conviviendo, no se han planteado seriamente, increíble. Recuerdo una pareja en la que el hombre decía que le gustaría tener entre dos y tres hijos y ella quedó horrorizada, se veía que no lo habían hablado; ella quería uno y después de hablar, casi discutir, allí delante de todos, ella le dijo, así como cediendo: «Está bien, venga, un hijo, un perro y un gato...». Está claro que no habían entendido nada.

La paternidad responsable es un tema que hay que hablar y conocer, es un tema que decide el matrimonio y en el que nadie debe entrometerse. La decisión que tomen los esposos (católicos: en presencia de Dios) será la correcta, y no somos nadie, nunca, para criticar ni opinar sobre la fecundidad de los esposos, ni en preguntar por qué tenéis hijos o dejáis de tenerlos. Nunca podemos saber la situación de cada familia y, además, es un tema muy sensible en el que, aparte de la voluntad, intervienen la providencia de Dios y aspectos personales que son altamente delicados. ¿Quieres un consejo? No preguntes a ninguna pareja si tienen o dejan de tener hijos.

Cuando somos novios, nos tenemos que hacer preguntas importantes sobre este tema:

¿Y si no nos quedamos embarazados? ¿Y si no podemos tener hijos? ¿Y si solo con «olernos» nos embarazamos? ¿Qué haremos para distanciar el nacimiento de los hijos, si es necesario? ¿Qué motivos son importantes para distanciar los nacimientos? ¿Qué piensas de los métodos anticonceptivos? ¿Conoces cómo interactúan en tu cuerpo? ¿Conoces sus efectos secundarios? ¿Qué dice la doctrina de la Iglesia sobre los métodos anticonceptivos? ¿Por qué?

El tema de la natalidad es un tema de los dos, no es un tema de la mujer. El hombre debe conocer la fisiología femenina, debe conocer las etapas del ciclo menstrual y compartir con su novia, y después esposa, las distintas fases que pueden afectarle a ella.

¿Cuáles son los métodos naturales para el control de la natalidad? ¿Son fiables? Vamos a enterarnos, vamos a hablarlo, no opinemos sin conocimiento solo por lo que hemos oído decir. Olvídate de los prejuicios, que en este tema están tan extendidos. Formaos a fondo en este tema, los dos, apuntaos a algún cursillo (los hay *on-line* muy buenos). Os ayudarán a conocer el tema, a tener muy buenas conversaciones, a conocer la fisiología femenina y masculina a fondo. Mi amiga Eva Corujo (@evacorujo_letyourselves) organiza cursillos de formación, y también os puede ayudar su libro sobre el tema *Naturalmente fértiles* (Papel de plata).

¿Continencia, qué es la continencia? No lo dirás en serio... ¿Puede tener alguna ventaja la continencia? ¿Y si por una enfermedad debemos vivir situaciones difíciles que comporten una época de continencia? ¿Y si nos diagnostican un bebé con una malformación?

¿Qué piensas del aborto? ¿Si no tuviéramos hijos, estarías dispuesto a adoptar? ¿Qué opinas de la reproducción asistida? ¿Qué dice la Iglesia y por qué lo dice? ¿Has oído hablar de la naprotecnología? ¿Para qué sirve? ¿Napro qué? ¿Y si solo tenemos niños? ¿O niñas? ¿Tienes pensado algún nombre? ¿Y si alguno tiene una enfermedad?

Hablar, reír, soñar, pasadlo bien conversando sobre estos temas, no os dejéis cosas en el tintero y, si algo os preocupa, habladlo más a fondo y, si es necesario, pedid ayuda a alguien que os pueda aconsejar, acompañar, ayudar.

Hablar de la educación de los hijos

Me gusta separar en dos los temas que hacen referencia a los hijos, porque pienso que una cosa es tenerlos o no tenerlos y otra muy distinta es cómo educarlos.

Entiendo que son temas que ahora os quedan muy lejanos, y seguramente os parece muy friki hablar de estas cosas, pero os aseguro que es muy interesante que lo habléis. Además, os aseguro que os divertiréis y os ayudarán a adquirir, si no lo tenéis, el hábito de la conversación que es, sin ninguna duda, uno de los pilares fundamentales del matrimonio.

«¿Qué educación te gustaría darles? ¿En qué "cole" querrías matricularlos?».

«Me encantaría que jugaran a fútbol o que tocaran un instrumento...». «Ya me veo el sábado por la mañana madrugando para llegar al partido». Soñad, soñad, disfrutad...

En relación a su formación ¿intentaremos ir a una, dando el mismo criterio? «Seguro que tú serás más blando y cederás más fácilmente, debemos intentar siempre ir a la par...».

¿Te da miedo la época adolescente? ¿Cómo lo hicieron tus padres? ¿Y los tuyos? «Buaaa, como nos pase como a mi hermana...». Qué sé yo, mil temas de conversación, inagotables...

Novio, varón, no te escaquees de estas conversaciones, ya sé que son temas que muchas veces interesan y preocupan más a las mujeres, pero no puede ser. Se acabaron los padres que delegan, esos padres varones que todo lo que suena a educación, y ya no digamos a fe, lo delegan en sus mujeres. Los hay y demasiados. Un día fui a dar una charla a una parroquia, a padres de catequesis, no había ni un padre, ninguno, solo madres y les pregunté: «¿Estáis todas separadas?». Los padres en casa viendo la tele, manda…

Hablar de trabajo, dentro/fuera de casa y de dinero

Es muy importante en esta época de noviazgo plantearos cómo será, cómo es o cómo os gustaría que fuera vuestra vida laboral.

Actualmente, hombres y mujeres nos preparamos a tope, y es importante pensar cómo nos planteamos el futuro profesionalmente hablando. La formación puede ser infinita y los posgrados, mil, algo que va retrasando la fecha del compromiso y dificulta, muchas veces, tomar decisiones de futuro.

¿Vamos a seguir los dos «a saco» en el terreno profesional, o alguien está dispuesto a aflojar cuando sea necesario, cuando tengamos hijos? Este es un tema que trae muchos quebraderos de cabeza a matrimonios jóvenes, muy bien preparados, en los que los dos tienen un futuro profesional espectacular y es muy difícil tomar decisiones que comporten frenar, en esa carrera de éxito, por parte de alguno de los dos. ¿Es posible llevar una familia y trabajar los dos más horas que un reloj? ¿Aspiramos a formar una familia o preferimos escalar profesionalmente? ¿Es compatible? ¿Los dos? ¿Quién?

¿Estaríamos dispuestos a un traslado internacional si a alguno se lo propusieran en el trabajo?

¿Y si alguno de los dos nos quedamos en el paro? ¿Y si nos va muy bien? ¿Y si nos va muy mal?

¿Te gustaría emprender? ¿Montamos un negocio?

¿Quieres opositar? ¿Nos ponemos un máximo de años para sacar las oposiciones? El tema de las oposiciones es otro temazo: comporta muchos años de esfuerzo y sacrificio. Es necesario que lo habléis a fondo, es sacrificado por parte del que las prepara, y también para el que espera el desenlace para poder casarse. Creo que es bueno tener un objetivo más o menos racional, darse un periodo prudente para aprobarlas, o para desistir, que no sean un periodo eterno que desgaste demasiado la relación.

Si fuera necesario, ¿estaríais dispuestos a vivir separados, algunos días a la semana, por motivos de trabajo? Sé de muchos matrimonios que viven esta separación por motivos laborales, varios días a la semana
uno se desplaza a otra ciudad o incluso país. Es una
situación difícil, el no convivir todos los días, que uno
tenga que acarrear con el día a día familiar, mientras
el otro está trabajando fuera, comporta muchos malen-
tendidos. Está claro que actualmente, y tal como está
el trabajo, es algo frecuente, pero en ningún caso acon-
sejable. Hay que intentar que sea el menor tiempo posible, y que la situación pueda volver a la normalidad
cuanto antes; hay veces que es imposible, y entonces
es imprescindible hablar muchísimo y esforzarse más,
si cabe, para el bien de la relación.

¿Te gustaría que trabajáramos juntos? ¿Te gustaría
vivir cerca del trabajo? ¿El tuyo o el mío?

Qué sé yo, infinidad de situaciones que cada persona puede vivir en su etapa laboral, pero que com-
portan quebraderos de cabeza en la pareja, porque
hay que tomar decisiones importantes que afectan a
toda la familia. Cuantos más temas tengamos habla-
dos, mejor.

También es cierto que la estabilidad laboral es algo
que ha pasado a la historia, la gente cambia de trabajo
como de mochila, muchísimo. Leí que España es uno
de los países donde la gente cambia más de trabajo.
Por eso será difícil prever el futuro en este sentido,

pero es bueno hablarlo y valorar posibles situaciones acordes a la realidad de cada uno, luego, Dios dirá.

Otro trabajo del que hay que hablar, y que no es menos importante, por eso lo incluyo en el mismo apartado, es el TRABAJO DOMÉSTICO, EL TRABAJO DE LA CASA. ¿Cómo nos repartiremos las tareas de la casa? No es un tema de igualdad, es un tema de amor, es un tema de necesidad y de tiempo, de disponibilidad, de entrega, de servicio. Cada pareja tiene la vida laboral que tiene, y es evidente que no hay dos familias iguales. Es evidente que hay etapas en que los hijos dependen más directamente de las mamás y los maridos no les podemos dar el pecho, pero sí podemos cambiar pañales, acostarlos y vestirlos, también podemos planchar y cocinar. Pretender repartir el trabajo de la casa como si fuera un horario laboral equitativo, y según un convenio estatal, con porcentajes y cálculos, no tiene ningún sentido. La situación de cada familia es la que es, y el acuerdo al que llegue el matrimonio será el que ellos decidan. Hace pocos meses, el Ministerio de Igualdad español sacó una *app* para que las parejas registrasen el tiempo que cada uno dedica a las tareas domésticas, como un tema de exagerada igualdad, ridículo. Es evidente que las tareas de la casa tienen que estar repartidas y que no lo puede hacer todo uno de los dos, pero ¿necesitamos una *app* que lo calcule? Me parece que, en este tema, hay un baremo imposible de registrar, que es el baremo del AMOR, el baremo de la ENTREGA, del SERVICIO; y no hay *app* que lo pueda calcular, más que nada, porque tiende al infinito. Las tareas de casa se hacen por amor, nos esforzamos en servir a los demás, y el pago de los mismos, aunque no debe esperarse, es en la misma moneda, amor y agradecimiento. Esa camisa que tiras al suelo por la noche, en la habitación, y que aparece colgada y perfectamente planchada en el armario al día siguiente, no es por arte de magia, y pocas veces agradecemos un servicio que no hay dinero en el mundo para pagarlo.

Os voy a ser sincero: yo nunca plancho nada. Ahora habrá más de una que quemará el libro ja, ja, ja, ja. Cuando nos casamos, hablamos a fondo de la situación, mi trabajo de odontólogo me ocuparía, y me ocupa, muchas horas. Mercè tenía muy claro que cuando tuviéramos hijos, si nos lo podíamos permitir, le gustaría estar en casa cuando llegaran los niños del cole. Yo, por mis horarios de clínica, llegaría tarde por la noche, quizá demasiado tarde algunos días. Mercè decidió sacrificar su carrera profesional, trabajando a tiempo parcial, para dedicarse a la familia y a los hijos; mientras yo me peleaba con las prótesis dentales, e intentaba llegar lo antes posible a casa para ayudar (¡y disfrutar!) en las bañeras y la cena... Lo pudimos hacer y además hemos podido tener ayuda externa para los trabajos de la casa, un privilegio. Ahora que empezamos con la fase del chollo del «nido vacío», la mal llamada «crisis del nido vacío», estamos felices y orgullosos de los años pasados. Hemos sido unos afortunados, pero le hemos echado horas «a saco» al trabajo en casa y fuera, y nadie nos puede decir si lo que hemos hecho, y cómo lo hemos hecho, está bien o mal. Es una decisión que tomamos nosotros, en la que los dos estábamos de acuerdo; nos hemos esforzado todo lo que hemos podido, sin medir horas ni comparar esfuerzos, los dos con amor y por amor, hablándolo mucho, y os podemos decir que ha merecido la pena.

Cada familia tendrá su manera de montárselo, y también entiendo que, actualmente, hay situaciones profesionales que impiden la famosa «conciliación», o la hacen muy difícil. Pero lo que está claro, o al menos yo lo tengo muy claro, es que no es una cuestión de horas de servicio, ni de poner una máquina en el lavadero para «fichar» y a fin de mes recuperar las horas de diferencia trabajadas por cada uno; es un tema de AMOR y de muchas horas de conversación sincera, para que los dos nos sintamos inmensamente queridos por el otro y por el servicio a la familia. Lo que decidáis estará bien, siempre que lo decidáis con amor y por amor, y los dos estéis de acuerdo. La ministra de Igualdad no debe venir a mi cocina a controlar quién friega las cacerolas, ni quién pone los platos en el lavavajillas. Hablad muy a fondo de este tema antes de casaros, y después lo adaptáis a la situación profesional que vaya surgiendo. Es muy difícil concretar cosas que, sí o sí, van a ser muy variables, pero si lo tenéis hablado, habréis avanzado mucho.

Estos días, mientras escribo estas líneas, le han colocado una estrella en el Paseo de la fama de Hollywood, el famoso Hollywood Walk of Fame, a Chris Hemsworth, reconocido actor australiano. En el discurso de agradecimiento le dio las gracias, de una manera muy especial, a su esposa, la actriz española Elsa Pataky. Sobre todo le agradeció su entrega a la familia y apoyo en todos sus logros. Chris explicó que Elsa había renunciado a su exitosa carrera profesional para dedicarse por entero a su familia, a respaldar la carrera profesional de su marido y a cuidar de sus tres hijos. Precioso. Mucha gente criticó la situación, y las entrevistas a Elsa tenían un tono crítico, de un feminismo mal entendido, protestando que siempre son las mujeres las que se quedan en casa, las que renuncian a sus carreras... Elsa respondía, con mucha gracia, comentando que era una decisión personal que habían tomado conjuntamente, y que ella había decidido, con toda la ilusión del mundo. Al ser los dos actores de cine, era muy difícil compaginar sus trabajos con la educación de sus hijos, y ella decidió con alegría, y hablándolo, y feliz de poder hacerlo, que se quedaría en casa. ¡¡Chapó!! ¿Qué pasa? Cada matrimonio decide lo que quiere, es una decisión personal consensuada por los dos para el bien de la familia. Ella se ha convertido en una «gerente de familia», como dice mi amigo Diego en referencia a su esposa Gabi. No hay profesión más bonita y digna de admiración, mal pagada económicamente pero millonaria en amor.

También conozco situaciones contrarias: tenemos una amiga que es una alta ejecutiva en una multinacional, y decidieron con su marido consensuar sus trabajos. A ella le toca viajar sin parar y echarle horas a la empresa, y el marido recortó, y mucho, su dedicación profesional para dedicarle más tiempo a la familia. También hay que decir que las mujeres sois muy *cracks* (no lo digo para hacerme el pelota, lo pienso de verdad). Esta amiga, que además es madre de familia muy numerosa, parecía que se multiplicaba por tres en las épocas de crianza, incluso se llevaba a los bebés en viajes de negocios para poder darles el pecho.

Actualmente, lo más habitual es que trabajéis los dos todas las horas y tengáis que repartiros los trabajos de la casa como buenamente podáis. Y eso es muy bueno, y me alegra que actualmente muchas mujeres puedan estar aportando tanto al mundo profesional, cosa no tan común en el pasado. En este contexto, habrá que ir hablando y decidiendo en cada etapa de la vida qué hacer. Pero habladlo a fondo, habladlo ya en el noviazgo. Hay que recordar siempre que el amor se demuestra en el servicio. No hay que hacer las cosas porque me toca o deja de tocar, sino porque te quiero y me desvivo por ti y por nuestra familia. Música y a trabajar bailando.

En el matrimonio, el servicio no es al 50% cada uno, hay que estar los dos al 100%.

Es imprescindible dignificar el trabajo en el hogar, lo haga quien lo haga, es necesario que admiremos a la gente que dedica su vida a la familia, y consigue con mucho esfuerzo trampear entre la vida profesional y la vida familiar. Qué a gusto te quedas por la noche cuando al meterte en la cama caes rendido/a con la satisfacción del deber cumplido y tu marido, tu mujer, te dice: «Muchas gracias por todo, somos un buen equipo».

La economía familiar

Otro tema de conversación indispensable es el económico. Hay que hablar a fondo de cómo gestionaremos la economía familiar. Veo muchas parejas que llevan economías paralelas, cuentas bancarias por separado y una cuenta común de la que pagan los gastos familiares. No me machaques, pero a mí no me gusta; si nos casamos, nos casamos en la prosperidad y en la adversidad, todo debe ser de los dos, porque somos uno (me ha quedado bien, ¿eh?). No importa lo que gane uno o lo que gane el otro, todo es de todos. Muchas veces veo, detrás de este interés por mantener cuentas separadas, un cierto miedo de «¿y si un día pasa algo?», un «por si acaso, no me vaya a quedar sin nada». Cada pareja es un mundo, y la política fiscal es la que es, unos se casan en régimen de separación de bienes y otros, en régimen de gananciales, no entiendo nada de economía y menos de fiscalidad, cada uno se sabe lo suyo y a lo mejor, fiscalmente hablando, es mejor tener cuentas separadas, pero que no sea por miedo a nada y mucho menos por egoísmo o dudas.

Un joven me preguntó un día, hablando de este tema con un grupo de novios:

—Pep, ¿y si un día te quieres comprar una bicicleta de diez mil euros, cómo lo haces?

—Pues ningún problema, lo hablo con mi mujer y decidimos si me compro la bici o no, si la compramos más barata, o incluso valoramos si me compro una mejor, pero no me voy a comprar una bicicleta sin la opinión favorable de mi mujer, aunque el dinero lo haya ganado yo y esté en mi cuenta.

El chico que me preguntaba estaba ahorrando para comprarse una, y le importaba muy poco la opinión de la que iba a ser su esposa. Se casaba en pocos meses, y él, sí o sí, se compraba la bici cuando tuviera el dinero. Le comenté que no me parecía bien, que el dinero, aunque lo ganara uno era de los dos y, ante cualquier gasto importante, había que hablarlo y decidirlo juntos... por su cara vi claramente que mi opinión no le convencía... ja, ja, ja, ja y cambiando de tema me preguntó, para ver si me pillaba:

—Y si quieres hacerle un regalo a tu mujer, ¿cómo lo haces para que no se entere?

—Pues te las ingenias, que seguro que encuentras la manera de hacerlo sin que el otro te pille, y si se entera, a mí me ha pasado, te ríes, y el día del regalo, disimulas. Todo es de todos y para el bien de la familia.

De verdad, da mucha paz vivir compartiéndolo todo, pero todo es TODO.

Hay una sola cosa que Mercè no quiere compartir conmigo: los puntos del carné de conducir. Dice que estaría dispuesta a dar su vida por mí, pero que no me da ni un maldito punto del permiso de conducción, ja, ja, ja, ja.

Hay que hablar a fondo del tema económico, sobre todo cuando los novios tienen una situación económica muy distinta, ¿cómo gestionaremos el tema económico cuando nos casemos? ¿Y si nos va muy bien y ganamos mucho dinero? ¿Y si no llegamos a fin de mes (muy habitual)? ¿Dónde te gustaría vivir? Si pudiéramos, ¿te gustaría una casita con jardín o prefieres un piso en la ciudad? ¿Nos hipotecamos para toda la vida o alquilamos y nos vamos moviendo? ¿Cambiamos de barrio o de ciudad, para conseguir un alquiler más económico? ¿Tienes aficiones muy caras? ¿Estás dispuesto a estrecharte el cinturón? ¿Estarías dispuesto a reducir las vacaciones para poder pagar el colegio de los niños?

Y durante el noviazgo, ¿cómo hay que llevar la economía? ¿Quién paga las cenas o las copas? ¿Pagamos a medias? ¿Seguimos con la tradición, el hombre paga todo, aunque económicamente le vaya mejor a la chica ejecutiva, ennoviada de un opositor que no gana un euro? Pues no tengo la respuesta, ya lo siento... pero los que me conocéis, y ya llevamos un buen tramo de libro, así que ya nos vamos conociendo, aunque ya os he dicho que no tengo caspa: a mí me encanta pagarlo todo (ufff, ya ha salido la vena machista, ¡¡¡quema el libro!!!).

Los cinco temas que hemos tocado son de conversación obligatoria para novios antes de comprometerse: la fe, la familia amplia, tener hijos, educación de los hijos, trabajo dentro/fuera de casa y economía familiar.

No os los toméis al pie de la letra, como siempre, no vayáis mañana al novio, con el que llevas saliendo un mes, y le saquéis el listado de «conversaciones pendientes» para preguntarle todos los temas que te he planteado. Son una orientación, pero está claro que cuantas más cosas habléis y más a fondo, más os conoceréis, tendréis muchísimo más criterio para discernir y seguro que, cuando la vida os sorprenda con infinidad de situaciones, unas agradables y otras desagradables, tendréis más criterio para afrontarlas: estoy convencido de que vuestro matrimonio será más feliz.

8. Los tiempos en el noviazgo

¿Cuánto debe durar un noviazgo? Quien lo sepa que me lo diga.

Es evidente que no hay un tiempo determinado, también está claro que lo ideal sería conocer a alguien cuando tienes 23-25 años, pasar un par de años de noviazgo y casarse. Pero como no lo podemos predecir, habrá que lidiar con lo que venga. Vamos a comentar algunos temas a tener en cuenta.

El primer asunto es que LOS TRENES HAY QUE PILLARLOS CUANDO PASAN, y pasan cuando quieren. No es como el AVE, que compras el billete de tren para el día y hora concreto que quieres viajar.

En el tema del noviazgo hay que estar siempre atento, sin *preocuparse* pero sí *ocuparse*. Ya hemos dicho que el enamoramiento viene cuando quiere, casi siempre cuando menos te lo esperas; hay que estar alerta y saber aprovechar las oportunidades que se nos presentan. Cuántas veces pasan «trenes», que «están como trenes», y los dejamos pasar porque nos parece que «ahora no es el momento», «tengo que estar por los estudios», «quiero viajar», «hacer másteres y más másteres», pero ¿no ha quedado claro que la elección más importante de tu vida es con quién vas a compartirla? Tu marido, tu mujer.

Recuerdo un día de verano que nos encontramos con un grupo de jóvenes que también estaban pasando unos días de vacaciones, uno de ellos era amigo de nuestros hijos, y sabía de mi afición por estos temas. Me gustó, porque tiene merito que un chaval quiera hablar sobre un tema personal con el padre de uno de sus amigos. Pensé que era muy *crack*. Nos fuimos a pasear y me contó su historia: «Mira, Pep, he encontrado a "la mujer de mi vida", increíble, me gusta mucho, es superbuena, coincidimos en muchas cosas, además guapísima, me vería capaz de compartir la vida con ella, PERO AHORA NO QUIERO. Tendría que afrontar un noviazgo largo, y actualmente prefiero disfrutar de la vida, viajar, pasarlo bien con mis amigos... Si se pudiera, me gustaría congelar la situación y descongelarla dentro de unos años». Claro, como decíamos, eso es lo ideal, noviazgo corto, suficiente para conocerse bien, y matrimonio. Pero la decisión es arriesgada, si dejas «pasar el tren, el tren pasó» y en unos años quién sabe dónde y con quién estará esta chica que te gusta tanto. Tampoco eres un crío, ya has pasado los veinte, y creo que podrías compaginar las dos cosas, el noviazgo y disfrutar de la juventud. Una cosa no quita la otra, aunque es evidente que te condiciona.

En la vida hay que tomar decisiones y saber escoger, sabiendo que cualquier decisión libre comporta renuncias. Desear algo comporta decir que no a otras cosas, así es la fantástica libertad, la «cochina libertad», como decía la madre de una amiga, hay que tomar una decisión.

Sé que esta situación del amigo de mi hijo actualmente es frecuente, y está claro que no es una decisión fácil de tomar. Tampoco, a priori, hay una decisión correcta y otra equivocada; hay que valorar varios factores para tomar la decisión adecuada. Influye, evidentemente, la edad, la situación estudio-profesional, y mil parámetros que hacen que cada decisión sea única e irrepetible, porque únicas somos las personas que la tomamos.

También recuerdo a una chica que ya estaba sobre los treinta largos, que me vino a saludar después de una charla. Me contó que, finalmente, estaba dispuesta para encontrar novio. Había finalizado varios estudios y posgrados, tenía un puesto de trabajo estable y bien remunerado... «Ahora voy a todas las charlas sobre noviazgo y matrimonio, me leo todo lo que encuentro

sobre el tema. Estoy preparada para enamorarme...».
Me dio pena una vida tan planificada, el amor no funciona así. Hay que estar abierto a enamorarse, no podemos programarlo todo. Y me perdonaréis, porque
es un tema muy susceptible, y si eres una chica, aún
más, la maternidad es algo que la mujer debe tener
muy presente. Ya de por sí, en nuestra cultura occiden-
tal, retrasamos demasiado el matrimonio, como para
ir añadiendo años de estudio y formación, sin olvidar
los no poco frecuentes años sabáticos para viajar y conocer mundo... No me extrañaría que en pocos días
reciba un mensaje de esa chica preparadísima: mucho
máster, pero no hay manera de encontrar al «príncipe azul»... «Pep, ¿qué hago? ¿conoces a alguien?...».
En las cosas del amor no debemos hacer tonterías ni
precipitarnos, pero tampoco querer tenerlo todo con-
trolado, después vienen las prisas y los nervios, que en
estos temas son malos consejeros.

Una chica de 37 años me contacta por Instagram
y me dice: «Lo que yo me arrepiento de no haberme
puesto a buscar con cabeza en la época universitaria o
justo después... y haber estado perdiendo el tiempo...
no lo sabe nadie».

Y ahora saltarás tú y pensarás: «Estas cosas no se
buscan, estas cosas te vienen», y te respondo: «¿Seguro?».

No pierdas el tiempo, tampoco te obsesiones con
el tema, pero debes estar siempre proactivo, no dejes
pasar oportunidades, nunca digas «no hay prisa»... Es

cierto, no hay prisa, pero tampoco debe haber pausa, espabila.

Los noviazgos largos

No soy partidario de noviazgos largos y, sin embargo, nosotros fuimos novios siete años. Conozco a muchos que tuvieron noviazgos largos y acabaron dejándolo; y otros que se arrepienten de no haber intentado un noviazgo cuando eran más jóvenes, porque a toro pasado, piensan que habría tenido posibilidades de éxito. No quisieron comprometerse, y luego les cuesta mucho encontrar pareja. En la variedad está el gusto, no hay nada escrito, ni siquiera una decisión correcta, porque no sabes qué te deparará el futuro. Lo que sí hay que hacer es PARAR Y PENSAR, para decidir hay que parar, hay que pensar, y si eres creyente, hay que rezarlo (que no es más que eso: parar y pensar, pero delante de Dios, en su presencia, y abierto a su voz). Y una vez tomada una decisión, a tope con lo que venga, «a *full*» con la decisión tomada.

Es evidente que, según la edad que tengas, debes llevar un tipo de noviazgo distinto. Si eres muy joven, debes tener claro lo que te espera, los años que te quedan por delante. Nunca hay que salir con alguien para pasar el tiempo, o exclusivamente para pasarlo bien, eso sí es perder el tiempo. Un noviazgo tampoco puede frenar tu capacidad de estudio o formación, todo lo contrario. Ya hemos dicho que tiene que sacar lo mejor de ti. Bien, ¿entonces, qué hacemos? Pues no dejar pasar oportunidades. Si te enamoras de alguien, conócele; si eres muy joven, intenta, que no es fácil, no cegarte; vive un noviazgo que no sea «lapa», no ir siempre los dos solos, pegaditos como babosas... salid con amigos, planes a mil; ratos a solas para conoceros y hablar, evidente, pero muchos planes con amigos y en entornos muy diversos: deporte, cultura, paseos, aficiones, voluntariado.

Vivir a tope el famoso «trébol» que explica mi amigo Jokin de Irala: tiempo a solas, tiempo juntos con amigos, tiempo juntos haciendo el bien (apuntarse a un voluntariado, colaborar en la parroquia, en una ONG...), y el tallo del trébol, lo que lo sustenta todo, es la fe.

Nunca un noviazgo te tiene que separar de tus amistades ni de tus aficiones; al contrario, debe acercarte a los demás. El estar radiante hará que seas más empático con todos. Si el estar saliendo con alguien te hace estar más borde, más irascible o más estúpido... déjalo, esa relación no te está haciendo bien, no es para ti, no te conviene.

Recuerdo cuando nosotros empezamos a salir, fue un 24 de julio, a los dos días yo cumplía los 18 años. Tenía muy claro que Mercè era la mujer de mi vida, o eso me parecía, pero con 18 años los dos, nos esperaba un noviazgo larguísimo, porque yo quería ser dentista y Mercè, psicóloga. En nuestra época, para ser odontólogo, era necesario estudiar primero Medicina, y entrar en esa facultad (como ahora) no era fácil... Terminar

la carrera y después acceder a la escuela de estoma-
tología, que más tarde lo cambiaron por odontología
(cuando España entró en la Comunidad Económica
Europea). Además, había que hacer «la mili» (un año
de servicio militar obligatorio, del cual finalmente me
libré. No os voy a contar batallitas de abuelo, pero fue
gracioso, ja, ja, ja, ja). Como poco, nos esperaban nueve años de estudio y noviazgo, tela marinera. Finalmente fueron siete porque nos casamos antes de hacer la especialidad. Lo importante, creo yo, al menos
a nosotros nos sirvió, es que en todo momento sabía-
mos el plan que teníamos por delante. Cuando se te
plantea un noviazgo largo, es imprescindible saber de
qué hablamos. Es mucho más llevadero un noviazgo
cuando tienes más o menos claras (la certeza segura
acostumbra a ser imposible) las distintas etapas que te
quedan… y cuando van pasando los años, el orgullo
de asumirlas es fantástico.

¿Aconsejas un noviazgo largo? Ni lo aconsejo ni
lo desaconsejo, es lo que hay, y si hay que vivirlo, se
vive y se disfruta, como todo lo que nos ocurre en esta
vida. Venga lo que venga y siempre con entusiasmo y
alegría.

Recuerdo una anécdota de nuestra hija Judit que,
estudiando Farmacia en la Universidad de Navarra,
supo que don Javier Echevarría (en aquella época pre-
lado del Opus Dei) se encontraba en la Clínica Universitaria haciéndose un chequeo. Junto a una amiga se
enfundaron la bata de prácticas y decidieron colarse

por los pasillos a la búsqueda del Padre para saludarlo. Finalmente y por casualidad dieron con él, lo asaltaron en el pasillo y cruzaron unas palabras. Después de recibir su bendición y cuando ya se iban, el Padre les espetó... «Chicas, HACEDLO TODO CON OPTIMISMO Y ALEGRÍA». Estas palabras han quedado en casa como una consigna: todo, siempre, con optimismo y alegría, venga lo que venga y como venga, siempre.

Otra cosa importante es que los noviazgos no son obligatorios: sean cortos o largos, si hay que dejarlo, se deja. Recuerda: el botón *eject* siempre a mano. Es evidente que, cuanto más tiempo llevéis y más intimidad hayáis compartido, más difícil será la ruptura. Que le sepa mal a tu madre o a su padre no tiene más importancia. El que llevéis diez años de novios y todas las vacaciones las hayas pasado en casa de los futuros suegros, no quiere decir que no lo puedas dejar. Si no lo ves claro, debes dejarlo, y subirte de nuevo al telesilla, que este no acostumbra a tener colas. «Hasta el consentimiento no hay impedimento». ¡¡Puerta!!

Los noviazgos cortos

Así como hay noviazgos eternos, otras veces nos entran las prisas, o lo vemos tan claro que no queremos que la cosa se alargue demasiado, nos queremos casar.

¿Cuál es el tiempo mínimo de un noviazgo? Otra vez no tengo respuesta, pero podríamos decir aproximadamente que el tiempo mínimo para conocerse bien, sin prisas, es de un año natural como mínimo. Las cuatro estaciones, navidades, vacaciones de verano... para conocer a nuestro novio/a en los distintos periodos del año y en los distintos ambientes.

Hay que tener el tiempo necesario para conocerse a fondo, para hablar de todo lo importante, recuerda: hablar, hablar, hablar, hablar, hablar y diez veces hablar.

A mí, los noviazgos cortos me parecen fantásticos. No es tanto un tema de tiempo como de preparación. Es necesario conocerse bien y, evidentemente, la edad de los novios y su situación económico-laboral son determinantes para tomar la importante decisión de casarse. Tampoco es necesario tenerlo todo atado y bien atado. Para dar el paso, no hace falta tener las lámparas de las mesillas de noche. Hay novios que, para casarse, lo quieren tener todo controladísimo: el piso perfectamente amueblado, una cuenta corriente «acolchadita», el coche y las vacaciones aseguradas... No hace falta, es precioso casarse con lo justo, justísimo. Es un disfrute espectacular ir montando la casa, y la vida en común, los dos poco a poco: «Este mes compraremos el sofá», «a ver si nos da la paga doble para una tele», disfrutando de cada detalle, de cada logro, ilusionante... Tampoco se trata de hacer tonterías, casarse es una decisión demasiado importante para tomársela a la ligera, pero si lo tenéis claro y tenéis lo suficiente para vivir, adelante.

Hablando de lámparas de mesilla de noche, me he acordado de una graciosa historia. Resulta que unos novios se casaron y unos parientes les regalaron las lamparitas para la mesilla de noche. Los esposos lo agradecieron, pero encontraron que las lámparas eran horribles y las metieron en un armario, un «pongo» (¿dónde lo pongo?) más. Un día los que habían hecho tan «lindo» presente fueron invitados a cenar a la casa de los recién casados y, al llamar al timbre, el matrimonio se acordó de que tenían las lámparas en el armario y les parecía muy feo que los invitados no las vieran en su sitio. Rápidamente, antes de abrirles la puerta, sacaron las lamparitas del armario y las pusieron en la mesita de noche, escondiendo las que tenían puestas debajo de la cama. Entre risas y prisas abrieron a los invitados como si no pasara nada.

—Hola, ¿qué tal? ¿cómo estáis? Adelante, bienvenidos.

—Qué piso más mono os ha quedado —comentaron los invitados con intención de que se lo enseñaran.

—Sí, muchas gracias, es pequeñito pero muy acogedor, os lo enseñamos.

Abren la puerta de la habitación de matrimonio y, al darle al interruptor de la luz, se prenden las lamparitas de debajo de la cama, quedando claro que el regalo no les había gustado nada… ja, ja, ja, ja.

—Bueno, es que nos gusta la luz indirecta...

Cosas de recién casados...

Una historia para reír un poco, que tengo la sensación de que estamos demasiado serios.

Un tema para los noviazgos cortos: tened claro que las prisas nunca son buenas en temas de amor. No quieras correr, «chill», tranquilidad es un término obligatorio. Hay que hacer las cosas bien hechas y ser conscientes de lo que hacemos, pero tampoco te enquistes. Hay noviazgos largos, los hay cortos y los hay «enquistados».

Los noviazgos enquistados

Hay que evitar que los noviazgos se eternicen, que se «enquisten» y no haya manera de avanzar en la relación. Si tienes más de veintiséis años, y empiezas a salir con alguien, no hay que perder el tiempo, un año y compromiso.... No te asustes. No digo que te cases en un año, aunque no me parecería mal, te digo que en un tiempo razonable toméis una decisión: nos comprometemos o lo dejamos, no hay otra. Bueno, sí, existe la opción de ser «novios enquistados» o novios eternos.

Demasiados noviazgos se alargan sin motivo. Si tienes intención de casarte, no te puedes relajar, los años pasan que vuelan, hay que decidirse. Hay que dar oportunidad a otros, si no ves clara la situación: a por otro/a, que no estamos para perder el tiempo.

Hay mucha gente que vive eternamente ennoviada, tenga la edad que tenga. Noviazgos rutinarios, sin querer dar un paso más, siempre buscando sentir, sin querer adquirir compromisos. Con la idea de que el noviazgo dura lo que dura, y cuando se acaba, a intentar sentir de nuevo con otro, con poco esfuerzo. «Ya me esfuerzo en mi vida laboral como para esforzarme en el terreno afectivo», «ufff, qué pereza», «mientras yo me sienta bien, vamos tirando»; «a la que yo no me sienta bien, a por otro, que no estoy yo como para aguantar a nadie»... Y así van dando «vueltas a la rotonda», sin ser capaces de tomar ningún desvío, «no sea que me tenga que esforzar demasiado», aquí me quedo en la rotonda dando vueltas, como un hámster en su noria sin fin, para acabar en ningún lado, en mí mismo... A eso se le llama miedo al compromiso, y sin compromiso no hay amor posible.

Ese noviazgo enquistado no avanza porque siempre tiene una pregunta, una duda detrás de la oreja: «¿y si no funciona?». ¡Qué triste siempre vivir sin entrega, solo pensando en mí!... «Yo, mi, me, conmigo», «qué guapo que soy, qué tipo que tengo, qué bueno que estoy»...

Sé que esto es muy impopular, que es políticamente incorrecto, que mucha gente lo hace, que es lo normal pensar más en uno mismo que en los demás, que por qué tengo que ir a más en mi relación, que qué manía tenéis en que nos casemos, si estamos bien como estamos, sin compromiso, sin obligaciones y disfrutando de la vida...

«Métete en tu vida y déjame en paz». «Quiero vivir emociones y sentimientos que habrá que ir renovando porque lo que antes me ilusionaba ahora ya no me ilusiona. Obligaciones, compromiso, razonamiento, planes de futuro, eso son cosas para la vida profesional; cuando llego a casa, responsabilidades, las mínimas...».

¿No será que nos falta poner más emoción y sentimiento en el trabajo y más razón y compromiso en nuestra vida afectiva?

9. Cómo vivir la fe en el noviazgo

Ya hemos hablado en otro apartado de cómo gestionar el noviazgo con alguien que no es creyente cuando tú lo eres; cómo decidir si seguir adelante con la relación cuando tenemos una visión de la fe muy distinta. En este capítulo hablaremos de cómo vivir la fe en el noviazgo. Si no eres católico, puedes saltarte el capítulo, pero me haría ilusión que lo leyeras.

Hay que rezar CON el novio/a, POR el novio/a y sobre todo por el novio/a que no tienes. Rezar cada día por el novio que NO tienes pero está, no sabes dónde. Pero si estás leyendo este libro y estás soltero, por un simple tema de edad y matemáticas, ten por seguro que tu novio/a existe, a lo mejor en Hong Kong o quizá es el vecino del tercero, ese con el que te cruzas cada día y no te atreves a decirle nada... Es bonito pensar: «¿Qué estará haciendo ahora el que va a ser mi marido, la que va a ser mi mujer?». ¡¡Sueña!!! Cada día reza por él/ella y el día que os encontréis, ten un poco de paciencia, que no sea en el primer café... cuando ya llevéis unos días conociéndoos y empecéis a salir, si lo ves claro, le dices: «Llevo ocho años (o los que sean) rezando por ti cada día», eso no hay quien lo supere, será la declaración definitiva. Además, aunque la relación no triunfe, las oraciones no se consumen porque serán para tu futuro marido, para tu futura mujer.

Si ya estás saliendo con alguien y los dos sois creyentes, es precioso vivir juntos la fe. Es verdad que la fe es una virtud personal, pero también es cierto que es muy bonito y necesario para acrecentarla, vivirla en pareja. Me imagino que a Dios le debe de encantar. Cada uno puede vivir la fe a su ritmo, uno puede formar parte de una institución o movimiento de la Iglesia o estar muy implicado en su parroquia y el otro, no, pero hay que encontrar momentos en común, situaciones que nos ayuden a vivir muy cerca de Dios. Rezar alguna oración, el rosario, hacer la visita al Santísimo aprovechando un paseo. Y sobre todo, acudir a los sacramentos, la Eucaristía, pilar de nuestra fe, y la Confesión frecuente. No dejar nunca de formarse acudiendo a medios de formación, charlas, si son mías, mejor (ja, ja, ja, es broma), encuentros, retiros... En una palabra, disfrutar del regalo de la fe los dos juntos y saber compartir la alegría de ser cristianos para acercar a mucha gente a Dios.

Una chica me escribió contándome su situación: salía con un chico desde hacía un tiempo, estaba preocupada porque, siendo los dos buenos católicos, ambos de Misa diaria, la fe era motivo de discusión habitual en su relación. El novio era una persona muy comprometida, ella también era una buena católica, pero digamos que se tomaba la fe con más calma, o dicho de otro modo, su nivel de implicación era menor. El novio le exigía implicarse mucho más y, aunque ella lo hacía, a él nunca le parecía suficiente, pidiéndole que le acompañara a infinidad de actos y reuniones que a ella le sobrepasaban y, cuando no quería ir, discutían. Mi respuesta fue muy sencilla: «Que lo zurzan». No puede ser que en un tema tan increíblemente bello como es la fe seamos unos broncas, y algo precioso nos lleve a discutir en lugar de unirnos.

No hay que obligar a nadie a nada, cada uno tiene su ritmo, sus talentos, su vocación. Tú no eres el director espiritual de tu novia. Tranquilidad, pegando «chapas» no consigues nada. La fe debe transmitirnos paz, si algo te la quita, no es de Dios. Dile a tu novio que lea *La paz interior* (Jaques Philippe), un libro genial, y que se tome la vida con calma, y cuando esté más relajado, que vuelva, que podemos seguir hablando… Que el director espiritual ya me lo buscaré yo y no vas a ser tú.

Hay muchos novios y matrimonios católicos que nunca hablan de fe. Aunque los dos la tengan, nunca rezan unidos, consideran que es algo tan íntimo y personal que no lo comparten, es una pena. Si somos creyentes y Cristo forma parte de nuestras vidas, es imprescindible hablar de ello con naturalidad, debe ser el puntal de nuestra relación, debemos comentarlo y compartirlo, es garantía de éxito.

No nos tiene que dar vergüenza hablar de Dios y manifestarnos al mundo como católicos, malditos respetos humanos, ¡si es algo increíble! Es la respuesta a todas las preguntas que nos podemos plantear, es un regalo que se nos ha hecho, no lo podemos esconder, hay que compartirlo. Recordáis aquella cita del Evangelio que dice: «No se enciende una lámpara para meterla debajo del celemín» (¿qué es un celemín?), sino para ponerla en el candelero y que alumbre a todos los de casa» (*Mateo* 5, 13-16)... Pues eso, a iluminar.

Si tuvieras una medicina que sanara la enfermedad importante que padece tu amigo, ¿cuánto tardarías en decírselo? Ni un segundo, le llamarías enseguida y le propondrías sin ninguna duda el remedio, sería una maravilla. Los creyentes tenemos la solución a todos los males del mundo, sí, así de *heavy*, y nos da vergüenza decirlo, no sea que no les guste o que se lo tomen mal. ¿No será que no nos lo creemos? ¿No será que no estamos convencidos del regalo que tenemos entre manos? No es tan fácil, lo sé, y yo soy el primero en callar demasiadas veces. Somos débiles, no hay más, pero merece la pena pensarlo y darle unas vueltas a la cabeza. Rézalo: ¿Me lo creo? ¿Vivo según lo que creo? ¿Soy coherente? ¿Me avergüenzo de mi fe?

10. *Red flags*, cosas opinables, cosas importantes y cosas graves

Cuando estás conociendo a alguien que te parece atractivo, te empiezas a enamorar o ya estás enamorado «hasta las trancas», hay que tener claros algunos aspectos que condicionarán el futuro de vuestra relación. Son cosas que podríamos calificar como opinables, importantes o graves, que habrá que ir valorando conforme nos vayamos conociendo y nos serán imprescindibles para discernir nuestro futuro.

Las cosas OPINABLES son aquellas que no afectan de pleno a tu noviazgo, con las que te ves capaz de convivir toda la vida, aunque muchas veces te saquen de quicio y te pongan muy nervioso.

Qué cosas son opinables o cuáles son importantes o graves, lo debes decidir tú. Dependerá de tu manera de ser o de pensar, solo tú sabes qué cosas son más importantes o buscas en la persona con la cual quieres compartir tu vida. No solo compartirla, sino entregarla, ser una sola carne y además pasarlo «de cine».

Que le guste el color azul o el rojo es algo totalmente opinable, como si le encantan las albóndigas o prefiere el pescado. Que sea de un equipo de fútbol o de otro dependerá de tu implicación futbolera, pero en principio yo creo que también es algo opinable... aunque si tú eres del Real Madrid «a muerte», puede ser que no sea opinable que tu novia sea blaugrana, habrá que valorar si para ti eso es opinable o es algo realmente importante o incluso grave. Por cierto, felicidades si eres del Real Madrid, habéis ganado la deci-moquinta, vaya tela.

Las ideas políticas o sociales también pueden es-tar entre las cosas opinables o importantes, tú decides. Muchas veces son temas que crean diferencias de pen-samiento que pueden crear demasiadas tensiones. Ya dijimos que no hay que pretender encontrar a tu *alter ego* o a un clon de ti mismo, porque seguramente no te gustaría nada.

Las cosas opinables no solo hay que aceptarlas, sino que debemos esforzarnos en amarlas aunque nos cueste. Que a tu novia le gusten las albóndigas y tú las odies es un tema que pienso que tiene poca impor-tancia, pero como la gracia del amor siempre está en los pequeños detalles de cada día, lo suyo sería que te empezaras a interesar por las albóndigas, y que acaba-ras cocinando unas albóndigas exquisitas, además de investigar en qué restaurantes de tu ciudad sirven las mejores, para invitar a tu novia a cenar y sorprenderla.

Las cosas IMPORTANTES hay que valorarlas a fondo, este es un tema básico. Volviendo al ejemplo del portal inmobiliario de compra-venta de pisos, ya vimos que cuando somos demasiado exigentes, cuan-do ponemos demasiados filtros, las posibilidades de encontrar piso (novio) caen en picado. No nos preo-cupemos por cosas opinables, vamos a decidir qué es lo realmente importante, vamos a ver qué requisitos son los indispensables para ti, de la persona con la que quieres compartir la vida. Ahora te vas a llevar una decepción porque no voy a ser yo quien te las diga, debes ser tú el que decida qué es lo realmente importante para ti. Pero que lo importante sea de verdad lo más importante: hay que mantener el listón a la altura adecuada, no lo bajes.

Es indispensable conocer a las personas antes de juzgarlas, no te cierres en banda con nadie porque tú creas que tenéis, aparentemente, muchas diferencias, no puedes opinar de alguien hasta que has hablado y compartido con él/ella. No puedes decidir si puedes encajar con alguien solo por su apariencia exterior ni mucho menos por lo que te han dicho o contado de él/ella.

Solo tú sabrás qué requisitos son importantes para ti y solo conociendo a la gente en primera persona puedes comprobar quién los cumple.

Si solo te gustan las chicas rubias con ojos verdes y, para ti, eso, que es superopinable, es algo muy importante, te estás cerrando a la posibilidad de conocer a chicas morenas o pelirrojas que pueden ser unas mujeres de bandera, con cualidades espectaculares que no puedes conocer si ya de entrada has puesto un filtro muy superficial: rubia con ojos verdes. Este ejemplo es una *chorráda* pero creo que se me entiende, ¿no?

Las cosas importantes a tener en cuenta en una relación casi siempre están relacionadas con valores o virtudes (¿qué son los valores y las virtudes?, un temazo) más o menos importantes para ti, que son las que nos harán decidir por una persona u otra. Pueden ser:

su educación, su fe, el valor de la familia, sus ideas, su comportamiento, sus costumbres, incluso su higiene personal o si tiene más o menos sarro en los dientes es importante; en definitiva, su manera de vivir, esas son las cosas a tener en cuenta. Una persona con unas costumbres muy distintas a las tuyas será más difícil; es un tema para valorar a fondo, deberéis hablar mucho más e ir viendo de qué manera pueden encajar vuestras maneras tan dispares de ver, de vivir la vida. No digo que no pueda funcionar, por supuesto que puede tener éxito vuestra relación, pero habrá que valorar muchos más aspectos y más a fondo. No es lo mismo si tu novio es islandés, que si es un vecino de Navalcarnero, amigo de toda la vida de tu hermano, con el que prácticamente lo compartes todo.

A las cosas GRAVES no les des «ni agua», si tú eres una persona católica, comprometida con tu fe y te enamoras locamente de un talibán afgano o de un «anarquista antitodo» de los que pintan grafitis en las paredes de las iglesias, no hay que ser muy lince para darse cuenta de que te estás metiendo en un berenjenal. Debes tener muy claro que puede ser que te enamores de una persona de ideas totalmente contrarias a las tuyas, porque recuerda que el enamoramiento te viene sin buscarlo, pero no tardes mucho en pasarlo por la cabeza y darte cuenta de que las posibilidades de éxito en esa relación son escasas.

Mientras estoy escribiendo esto, me viene a la cabeza un matrimonio amigo, una familia majísima, padres de familia numerosa. El marido, de joven, era un punk radical de los de los años ochenta, de los auténticos, de la época de los Sex Pistols, con cresta de un palmo. Un antitodo, que no pasaba nunca por la ducha, vivía en casas okupadas, collar de perro y cadenas por todo el cuerpo. Las drogas eran de consumo habitual... Gracias a unos familiares, rehízo su vida y se enamoró, aun siendo punky, de una chica excelente, con la que se casó y formaron una gran familia. No veas el susto del suegro el día que conoció al pretendiente de su hija... Y es que en esto del amor dos y dos no son cuatro, aunque repito que vayas con cuidado, no te metas en berenjenales. No critiquemos a nadie por su aspecto, debajo de una apariencia horrible o sorprendente se puede esconder una gran persona, ya lo dice el refrán que «las apariencias engañan». Conócela y decide.

Terminados los diez temas a tener en cuenta para la elección de pareja, vamos a hablar de asuntos varios relacionados con el noviazgo. He pensado en distintos temas a raíz de las muchas preguntas que recibo, creo que son aspectos de la afectividad que os interesan, discúlpame si echas en falta alguno, la lista sería interminable.

RUPTURAS

Las rupturas nunca son fáciles, nunca. Siempre con-llevan un periodo complicado. Es evidente que es mucho más duro cuando eres «el dejado», aunque también es difícil para «el que lo deja», os queríais y eso es importante. Romper una relación no es fácil, pero tantas veces es necesario hacerlo… ¡Es imprescindible! Mucha gente, por miedo a la ruptura, a quedarse solo o a hacer daño al otro, sigue con noviazgos imposibles que no llevan a ninguna parte, noviazgos que sí o sí hay que dejar.

Cuanto más hayáis compartido, en tiempo y entrega, más difícil será la ruptura. No es lo mismo dejarlo con alguien con quien llevas tres meses conociéndote, que dejarlo con alguien con el/la que llevas tres años de novios.

Si habéis tenido relaciones sexuales, os será mucho más duro y complicado dejarlo, habéis compartido demasiado. Te entregaste a una persona confiando en que era *la persona* y se fue, o ves claro que no es la adecuada. Por eso y por otras muchas cosas, de las que ya hemos hablado, no hay que tener relaciones sexuales en el noviazgo, porque no sabes si con esa persona compartirás tu vida. Solo a partir del matrimonio adquieres el compromiso para siempre en exclusividad y es ahí donde las relaciones sexuales tienen todo el sentido (¡qué pesado soy!).

Hay que romper las relaciones siempre con mucho cariño, con delicadeza, hablando e intentando hacer el menor daño posible. Pero también hay que tener claro que serán situaciones difíciles de entender, porque no dejan de ser razones personales que son difíciles de expresar con palabras. Siempre parece que los argumentos son pocos para explicar o, sobre todo, para entender una ruptura y queremos saber más. Ese querer dejar que las cosas queden muy claras, muchas veces es imposible, casi siempre. Si una relación se acabó, se terminó y no le deis más vueltas. Si estás viviendo esta situación, pensarás que es muy fácil decirlo pero muy difícil vivirlo, asumirlo, y lo sé, lo comparto, pero qué le vamos a hacer, habrá que seguir adelante, ¿no? También es cierto que muchas veces te entra un sentimiento de culpa que es difícil quitártelo de encima, y empiezan los pensamientos recurrentes: ¿y si hubiera hecho esto o aquello? o ¿si no hubiera hecho tal cosa? ¿Y si? ¿Y si?... no te enroques, no solucionarás nada, intenta olvidar y para adelante.

Se me ocurren algunos consejos para superar una ruptura:

—El primero y muy importante es no hablar mal del otro, aunque por dentro se te coman las serpientes. Hablando mal, o contando lo que no hay que contar, solo complicas la situación y seguramente os haréis más daño que el que os podéis haber hecho ya. No hables, no cuentes intimidades, no hables mal de tu ex, nunca. Muchas palabras duelen más que los hechos que os han llevado a la ruptura.

—Borra las fotos de Instagram, aunque te duela o hayas quedado muy guapa en aquella foto del verano pasado en la playa de Llafranc, bórralas. ¿Te imaginas que tu padre tuviera encima del piano de tu casa fotos de las novias que tuvo antes de conocer a tu madre? No tiene ningún sentido. A la calle.

—Sal, no te quedes en casa, aprovecha para hacer cosas que hasta ahora no habías tenido posibilidad de hacer, cosas que te distraigan del pensamiento recurrente: deporte, idiomas, teatro, tocar un instrumento, amigos, mil y un planes que te hagan crecer y te distraigan. También es la manera de conocer gente nueva y ampliar las posibilidades de éxito.

—Amigos, amigos y muchos amigos. Pero cuidado, que cuando lo dejáis, acostumbráis a ser muy pesados, y repetís y volvéis a repetir la misma historia al pobre amigo/a que os escucha y no se atreve a cortaros. Seguro que os ha pasado con alguno que lo ha dejado y que, cuando te pilla, es monotema, dándole vueltas y más vueltas a algo que ya no tiene solución. Si tu amigo te corta, no te extrañes, no te lo tomes mal. Intenta no ser chapas.

—Apúntate a un voluntariado que te exija, colabora en la parroquia o implícate más en tu comunidad, ONG, búscate encargos, llénate la agenda a rebosar.

—Si vives con tus padres, colabora más en casa: cocina, plancha, limpia, monta planes familiares, participa mucho más de la familia.

—Cómprate ropa, vete a la pelu, compra flores, lee, pon música...

— Si eres creyente, lo más importante: reza. Ofrece esta época difícil por alguna intención concreta (concretar las intenciones siempre ayuda muchísimo) y así dejarás de pensar en ti y tu pena obtendrá un beneficio. Dios es especialista en sacar del mal siempre un bien mayor, aunque nosotros no lo veamos o no sepamos verlo.

Está claro que hay que pasar un periodo al que veo que muchos terapeutas llaman «duelo». A mí me parece, con perdón, un término un poco exagerado. No os negaré que es un periodo difícil, pero no debemos olvidar que los noviazgos son para eso, para dejarlos, o te casas o lo dejas. Y como lo que debemos hacer en el noviazgo es conocernos, es evidente que varias veces tendremos que vivir esta situación, el dejarlo o el que te dejen. También podemos dejarlo los dos de mutuo acuerdo, y entonces todo es mucho más sencillo. Piensa que, la inmensa mayoría de las veces, una ruptura comportará algo mejor. Si la relación se ha roto, es porque no podía continuar, entonces siempre será para bien. Ya verás cómo encuentras a alguien que supera con creces al novio/a que tenías.

Vive el noviazgo como lo que es, un periodo para conocerse. No lo vivas como un matrimonio en miniatura, que no es eso, y así la ruptura será más llevadera.

¿Sabes cuándo te repondrás de la ruptura? Cuando conozcas a alguien espectacular, que le dará mil vueltas al anterior, y eso no tiene un plazo concreto. No creo que exista un tiempo determinado para reponerse de una ruptura, pero tiene relación directa con el nivel de entrega y también con la duración del noviazgo que hayáis tenido, eso está claro. Luego, no te entregues totalmente en el noviazgo, resérvate lo importante para el matrimonio, conócelo muy bien y prepárate, entonces las rupturas, aunque duras, no te afectarán tanto.

Otro tema: tu ex ya es tu ex. Si al día siguiente de dejarlo contigo sale con alguien, aunque te parezca muy feo, si empieza a salir con tu amiga/o, no te tienen que pedir permiso, ni tu ex ni tu amiga/o. ¿Es feo? A lo mejor, es feo y te mueres de la rabia, pero lo habéis dejado, ya no hay nada serio entre vosotros, cada uno puede hacer lo que quiera. *Feel free…*

Creo sinceramente que le damos demasiada importancia a la ruptura en el noviazgo y no debería ser tan difícil. Perdón si lo estas viviendo, te entiendo, sé que es duro, pero créeme, lo realmente importante es el matrimonio, que ese SÍ ES PARA SIEMPRE; y hay que llegar a él muy bien preparados y convencidos.

Aunque lo hayas pasado muy mal o lo estés pasando mal en este momento, debes tener claro que, no porque una relación no haya funcionado, no puedes triunfar en la siguiente. Las ideas de catástrofe o de negación («nunca más encontraré a nadie», «todos/as son iguales», «no pienso enamorarme nunca más», «todo es un desastre», «siempre me toca a mí»), habituales en el periodo de ruptura, no te deben amargar. Saldrás reforzado, seguro y además ten muy claro que cualquier crisis o fracaso en la vida es fuente de crecimiento. Nunca es una pérdida de tiempo, por mal que te haya ido, siempre puedes sacar una enseñanza positiva de la experiencia vivida que te ayudará en tu próxima relación, que espero que sea la definitiva. ¡¡Ánimo!!

No quiero terminar este capítulo sin hablar del famoso y demasiado habitual GHOSTING. Para que nos entendamos, en español, el «desaparecer»; me parece algo lamentable. Si alguna vez lo has hecho, eres un/a impresentable. El *ghosting* consiste en dejar una relación sin decir nada, simplemente, desapareciendo, en plan fantasma, sin contestar a las llamadas, ni siquiera enviando ningún mensaje. Es muy típico de los flojeras, de los que hablábamos. Es de cobarde, las relaciones se empiezan y se acaban bien, siempre con educación y cariño aunque no prosperen. Muchas veces, los que lo hacen, argumentan que no eran novios, que tan solo estaban conociéndose y que de repente deciden que no les gusta y, en lugar de decirlo o siquiera mandar un mensaje, se esfuman. Un ejemplo más de los «mindundis» que se pasean por el mundo. Si te lo han hecho, aunque te hicieran sentir muy mal, debes alegrarte: no te merecías a una persona de este tipo.

A la hora de empezar una relación, aunque ahora estemos hablando de rupturas, también hay un tema de falta de concreción que es importante mencionar. ¿PRIMERO LA/LE BESO O PRIMERO SE LO DIGO? ¿Cómo se lo digo? ¿Qué le digo?... No aceptes un beso de alguien que no ha declarado sus intenciones antes, no hay que dar las cosas por entendidas, hay que decirlo con palabras (las palabras crean, ¿recuerdas?); palabras que se digan y que se oigan.

«¿Estáis saliendo?».

«Bueno, no sé, parece que sí, me besó, pero no estoy segura...».

¡Que no!, que no funciona así, que hay que hablarlo, hay que decir las cosas claras. Somos personas.

Recuerda: conocerse para salir, seguir conociéndote para discernir y, finalmente, dejar el noviazgo: o te casas o lo dejas.

LAS SEGUNDAS
OPORTUNIDADES

Cuando era joven, en la tele hacían un programa que se titulaba *La segunda oportunidad*. Su principal objetivo era concienciar a los conductores para reducir los accidentes de tráfico. Lo mejor era la cabecera de la serie, que comenzaba con estas palabras: «De todas formas, qué bueno sería contar en ocasiones con una segunda oportunidad» mientras se veía un espectacular Daimler XJ MkI (en aquella época, en España solo había Seats y Renaults) estrellarse a toda velocidad contra una roca inmensa, que habían colocado a propósito, en mitad de la carretera. La imagen era real, no existían los ordenadores para simularla, y te mostraba al vehículo estamparse contra la piedra y destrozarse en mil pedazos. Después pasaban la imagen rebobinando en cámara lenta, marcha atrás, y veías cómo el vehículo se iba reconstruyendo, era una secuencia espectacular que de niño me encantaba. La segunda oportunidad.

Si te has pegado una «leche» contra un bloque de piedra en mitad de tu vida, no será fácil una segunda oportunidad, pero a diferencia de los accidentes de tráfico, en los que esa oportunidad no existe, yo creo que en el amor sí puede existir la segunda oportunidad y muchas veces funciona. En ocasiones hace falta dejar la relación para daros cuenta de que os queréis, para ver claro en qué hay que mejorar. A veces nos creemos que podemos encontrar a alguien mejor, pensamiento habitual, o estamos cansados de una relación rutinaria. Cuando lo dejamos, nos damos cuenta de que nuestra historia tenía posibilidades. No tengáis miedo de retomar la relación, pediros perdón, hablad a fondo de los temas que llevaron a la ruptura, aceptaos tal como sois, me parece genial. Los *breaks* en el noviazgo a veces son necesarios para conoceros más y mejor y para daros cuenta de que, en realidad, os queréis. Conozco alguna pareja muy aficionada a los periodos «de dejarlo» y, aunque es evidente que no es lo deseable, puede ayudar a dar una cierta perspectiva a la relación que os puede ayudar. Ahora bien, no esperes a la segunda oportunidad cuando ves claro, y es evidente, que todo está perdido. No vivas de sueños cuando ves que no son realizables, no pierdas el tiempo, a por otro.

Segundas oportunidades, sí, soñar en segundas oportunidades, no.

Si dejáis una relación de mala manera, si el motivo ha sido grave, si os habéis faltado al respeto, si os habéis hecho daño el uno al otro, ojo con «tropezar dos veces con la misma piedra». No repitas situaciones nefastas, no te ciegues, con lo que costó dejarlo y

olvidarlo, piénsatelo mucho antes de retomar la relación. Yo me compraría otro coche, el destrozado, a la
chatarrería, siniestro total, no tropieces con la misma
piedra, como en la canción de Julio.

Por eso también mucho cuidado con hablar mal
del otro después de dejarlo, complicaría una hipotéti-
ca segunda oportunidad. Alerta, una cosa es un *break*
de mutuo acuerdo, o por parte de uno, pero sin des-
trozos (más fácil de restaurar) y otra cosa mucho más
complicada es el Daimler del programa de la tele que
era imposible de recomponer... Hay situaciones que
sabes muy bien que no pueden ni deben tener una segunda oportunidad.

CONOCERSE
POR INTERNET

«Funcionario del estado de rango medio, soltero, católico, de 43 años, pasado intachable, de procedencia rural, busca para contraer matrimonio cuanto antes una muchacha limpia, buena, católica, que sepa cocinar y realizar todas las tareas del hogar, tenga experiencia con la costura y posea mobiliario. Ofertas preferiblemente con foto. Es deseable que posea patrimonio, pero no necesario». Anuncio publicado el día 11 de julio de 1920 en el semanario Altöttinger Liebfrauenbote. Este anuncio no era el primer intento de encontrar mujer del gendarme bávaro Joseph Aloisius Ratzinger, cuatro meses antes había publicado otro que no surtió efecto. Esta vez, sí, Maria Rieger respondía al anuncio, casándose el 9 de noviembre del mismo año, solo cuatro meses después de la publicación. Las redes sociales de la época funcionaron. Las exigencias del escrito actualmente nos parecerán muy *heavies*, pero el contexto y el año era el que era.

Sinceramente, pienso que las nuevas tecnologías son un buen método para conocer gente. Años atrás, la gente se conocía en el pueblo o, como el padre del papa Benedicto XVI, alguno más osado, se atrevía a poner un anuncio en la prensa local, pero poca cosa más. Podías conocer a un amigo de tu prima que vivía en otra ciudad, pero la comunicación no era fácil y las cartas tardaban muchos días en llegar. Después, el teléfono facilitó mucho las cosas, aunque solo existía el fijo de las casas y siempre acostumbraba a descolgar la madre de la que te gustaba, con el consiguiente interrogatorio (yo era especialista en caer mejor a las madres que a las hijas...). Con el tiempo han llegado las nuevas tecnologías y el mundo se nos ha quedado pequeño: puedes conocer, hablar y verte con alguien que vive a miles de kilómetros de tu casa. Las redes sociales bien utilizadas son una pasada, un buen sistema para conocer gente, para interactuar, pero recuerda algo muy importante: UNA RELACIÓN NO SE ENCUENTRA, UNA RELACIÓN SE CONSTRUYE. Lo interesante es conocer a personas con las que pueda surgir una historia; cuanta más gente conozcas, mejor, más posibilidades, matemática pura. Debes tener siempre mucho cuidado, muévete con discreción y cordura, ya sabemos que las redes también acarrean problemas si no las utilizamos con criterio.

Yo aconsejo a los jóvenes católicos que estén solteros que se manifiesten en redes, les animo a colocar en su perfil de Instagram los emoticonos del corazón rojo y la cruz con fondo violeta (es la que hay) para que los demás sepan cómo piensas; así, cuando comentes en alguna cuenta, y otro se meta en tu perfil, podrá ver quién eres. Te puede ayudar a interactuar con otros solteros con los que de entrada ya sabes que compartes la fe. Otra cosa será conocerse y que te guste, pero eso ya es cosa tuya. Me constan varias parejas que han empezado su relación gracias a este sistema de los emoticonos y me alegra un montón. También me consta alguna historia desagradable de alguien que, haciéndose pasar por católico e interesado por conocer a una chica, ha utilizado un perfil falso para acabar burlándose de ella. El riesgo de ocultar la identidad y las malas intenciones de la gente están muy presentes en las redes sociales, cuidado. Pero vaya, le bloqueas, le denuncias y listo.

Otra cosa son las páginas de contactos, que pueden servir para conocer gente, pero que muchas veces el objetivo de los que pretenden hacer *match* es más carnal que establecer una relación seria, aunque también los hay que se han conocido mediante este tipo de citas. Hay páginas más serias, exclusivas para católicos solteros, concretamente conozco dos: www.catholicmatch.com y www.catolicossolteros.com. Hay otras, pero no tengo información suficiente para dar mi opinión. Conozco varios matrimonios que se han conocido en estas dos páginas y les ha ido muy bien, de hecho, se han casado. Las cuentas hacen un primer cuestionario, exhaustivo, para intentar afinar al máximo en maneras de pensar, y en temas concretos de fe, para procurar hacer *match*. No me parece mal, todo lo contrario.

También conozco a un sacerdote, don Fernando Cuevas, que lleva un archivo de católicos solteros en España para facilitar encuentros con futuro. Acostumbran a faltarle hombres, o sea, que ya sabes, abundan las mujeres. Lleva cientos de matrimonios con éxito. Pídeme su teléfono por privado, le escribes un WhatsApp y rellenas su ficha...

No te de vergüenza conocer a gente por las redes si lo haces con cabeza, mucho que ganar y nada que perder. Cuelga una buena foto en tu perfil, no la retoques demasiado, que te conozco; interactúa en páginas que aporten buen contenido, comentando y dando *likes;* no cuelgues fotos ni *reels* demasiado sexis, muchas lo hacéis porque os veis guapas, pero eso no ayuda para encontrar un novio como Dios manda, todo lo contrario, contribuye al *ciberbullying*. Y, si te atreves, publica un anuncio en la prensa escrita, aunque actualmente no creo que triunfes como lo hizo el padre de Benedicto XVI en los años veinte.

Es evidente que antes de quedar con nadie que hayas contactado por las redes, has de conocerlo bien, hablar mucho y quedar en algún sitio de confianza. Si los primeros encuentros son con más gente, mejor. Pero vaya, he interrogado a fondo a varios matrimonios que se han conocido a través de estas páginas de católicos solteros, y la verdad es que estaban muy contentos con el proceso y, por supuesto, con el resultado.

Algunas son historias de película, no te cortes, el mundo es pequeño, y si a ti no te ha funcionado, que también me lo han contado algunos, pues nada, a seguir buscando en la plaza del barrio a ver si hay suerte.

LOS NOVIAZGOS
A DISTANCIA

Los noviazgos a distancia son cada día más frecuentes, pues es más fácil conocerse por las redes o viajando; cada vez los desplazamientos son más fáciles, ya sea por estudios, trabajo o diversión. Es habitual conocer y enamorarse de alguien que no vive cerca, y entonces se empieza un noviazgo a distancia que es distinto al que vivirías si te hubieras enamorado del vecino.

También hay que reconocer que las nuevas tecnologías facilitan muchísimo la comunicación, haciéndola mucho más fácil que años atrás, cuando los enamorados solo se podían escribir cartas, darle un beso con labial carmín en el sobre, algunos las empapaban de colonia, y tirarlas en el buzón, esperando semanas a que llegara la respuesta, ¡qué romántico!

Hay varios tipos de noviazgos a distancia que podríamos valorar, además sé que muchos lo vivís y es un tema que os preocupa.

El primero es aquel noviazgo en el que, después de salir una temporada larga presencial normal, uno de los dos se tiene que ausentar un tiempo, habitualmente por trabajo o formación, es un periodo concreto más o menos largo. Es importante saber, aunque sea aproximado, el tiempo que durará la distancia. La gran ventaja es que ya os conocéis bien gracias a ese tiempo previo que lleváis saliendo. Este tipo de noviazgo a distancia es mucho más llevadero y, aunque no es fácil, sabéis que es por un tiempo determinado. Tacháis los días en el calendario esperando el regreso.

También es muy habitual conocerse en el periodo universitario, los dos sois de lugares distintos y coincidís en la universidad, os conocéis y empezáis a salir mientras estáis estudiando, llega la graduación y cada uno debe regresar a su lugar de origen.

Sea como fuere, en estos tipos de noviazgo lo importante es que ya os conocéis bastante, ya os habéis tratado, y me atrevo a decir que la época a distancia será probablemente un afianzamiento de vuestra relación o, por el contrario, un enfriamiento que termine en finalizar la relación.

Otro tipo de noviazgo a distancia, muy distinto, es el que es totalmente a distancia: os habéis conocido en un viaje, unas vacaciones o en un voluntariado, pasáis poco tiempo juntos y os enamoráis, muy habitual, por cierto (algunos le llaman una «confusión»), os estáis empezando a conocer y ya toca separaros. Vais a iniciar una relación a distancia pura y dura que dependerá de la distancia entre vuestras residencias y la facilidad de veros. Está claro que este tipo de noviazgo es mucho más difícil que el anterior, lo que no quiere decir que no funcione, pero requerirá muchísimo más esfuerzo y compromiso por parte de los dos intentando veros lo máximo que podáis.

Temas a tener en cuenta en una relación a distancia

Hay que tener claro que la presencialidad es imprescindible. Por mucho FaceTime que hagáis, nada puede suplir los encuentros en vivo y en directo.

Si tarda en contestar un mensaje, no te está poniendo los cuernos. Cuidado con el abuso de WhatsApp, llamadas o videollamadas. Hay que intentar vivir como si nos pudiéramos ver por la tarde, quiero decir que hay que quedar a una hora concreta para conectarse, y el resto del día no querer conectarse por cualquier cosa, y por supuesto no ponerse nervioso si el otro tarda en responder. Veo que en muchos noviazgos a distancia, si el otro tarda demasiado en contestar a un mensaje o una llamada, ya se despiertan todas las alarmas: ¿qué estará haciendo? ¿Por qué no me contesta? ¿Con quién andará? ¿Me estará poniendo los cuernos?... Sé que hay muchas discusiones por este tema. Mucha paz, el noviazgo a distancia fomenta la paciencia, pero también la imaginación.

Cuidado con los reencuentros, no seáis novios *lapa*. Como os hace mucha ilusión veros, os pasais todo el fin de semana pegados el uno del otro, y me dirás: «Hombre, claro, poco que nos vemos, aprovechamos». Os aconsejo vivir igualmente el trébol de Jokin, que ya hemos comentado, las veces que os veais: ratos a solas, ratos juntos con amigos e intentar hacer alguna actividad para hacer el bien a los demás. Es evidente que, si os veis una vez cada dos meses, no os vais a pasar el sábado entero en un voluntariado, pero podéis visitar los dos juntos a la abuela, por ejemplo.

El problema de las distancias es que, cuando nos vemos poco, generalmente, solo vemos la mejor versión del otro, porque estamos entusiasmados y esto dificulta el conocerse bien. Hay que ver cómo se comporta el otro en todos los ambientes; con sus amigos, con su familia, cómo trata a los camareros (esto es fundamental: dice mucho de uno), si le gusta jugar con los sobrinos, si le tira mucho el sofá o es un hiperactivo que no hay quien lo pare... Todas estas cosas, cuando os veis poco, son más difíciles de apreciar.

La gran ventaja de la distancia es que sois los que más habláis: la imposibilidad de hacer planes juntos os obliga a hablar muchísimo. Esto es genial para el noviazgo y lo será para el matrimonio, si llegáis a casaros. Tener el hábito de hablar es básico, porque lo importante no son exclusivamente los temas que se traten, que está claro que lo son, sino conseguir un hábito de conversación que a muchos matrimonios les falta.

Cuidado con la sexualidad cuando estáis a distancia. Si habéis decidido llevar un noviazgo casto y no queréis tener relaciones sexuales hasta que os caséis, los reencuentros son peligrosos, en el buen sentido de la palabra: evitad situaciones a solas, es más fácil dejarse llevar por las hormonas y caer en la tentación.

En la distancia, la imaginación al poder. Me habéis contado infinidad de iniciativas para compartir, por ejemplo: ver la misma peli a la vez, no adelantar capítulos de la serie que estáis viendo juntos para ir a la par, pediros la comida a domicilio y cenar juntos a distancia, escuchar la misma música en el mismo momento, mirar la luna a la vez (qué bonito pensar que vemos la misma luna a miles de kilómetros) y por supuesto rezar juntos, ese rosario por FaceTime o cualquier pequeña oración, asistir a Misa si es posible a una hora similar con la diferencia horaria... infinidad de cosas... Y sobre todo, preparaos sorpresas, mandaos cosas, un desayuno que te llega a casa a las siete de la mañana un día destacado, esas flores que nunca fallan... y la más espectacular: la visita sin avisar, ¡eso no hay nada que lo supere!

Hay que intentar que el tiempo de relación a distancia sea el mínimo posible y, si es el caso de que os habéis enamorado en poco tiempo y os espera un noviazgo largo totalmente a distancia, hay que tenerlo muy claro, mucha paciencia. Es evidente que es mucho más difícil que un noviazgo presencial, pensadlo bien.

En cuanto a proponer matrimonio, cuidado, no te comprometas únicamente para finalizar la distancia, hay que conocerse bien para tomar una decisión tan importante.

No hay que tener miedo a la distancia, es muy probable que muchos la tengáis que vivir en algún periodo a lo largo de vuestro noviazgo, va muy bien para hablar a fondo y fomentar la paciencia y la imaginación, además de otras muchas virtudes que os serán de utilidad en el matrimonio.

EL MIEDO
AL COMPROMISO

Si alguna palabra no está de moda, es la palabra
COMPROMISO, pero no solo en el amor, sino a todos los niveles. En general nos cuesta comprometernos, porque comprometerse no es fácil, y en una época donde impera el individualismo y la comodidad,
adquirir un compromiso es de valientes. No me voy
a poner pesimista porque ni lo soy ni quiero serlo; y
tampoco os voy a criticar a los jóvenes (típico de abuelo), porque este es un tema que nos afecta a todos, nos
cuesta comprometernos en muchos aspectos de la vida,
y si no, pregúntale al párroco qué tal va el compromiso
de los feligreses.

¿Qué es el compromiso y por qué nos cuesta tanto?

Según la Real Academia Española de la Lengua,
el compromiso es: «Obligación contraída por acuerdo
o contrato». Una de las acepciones dice: «Promesa de
Matrimonio». A nadie le gusta la palabra obligación.
«Yo hago las cosas porque quiero, pero a mí nadie me
tiene que obligar a nada», oímos decir, pero sin obligaciones no vamos a ninguna parte. Si no me obligo
a estudiar, no me saco la carrera; si no me obligo a ir

al gimnasio, no voy a estar en forma; si no me obligo a hacer dieta, rompo la báscula... Como vemos, aquí los sentimientos tienen poca importancia. No sientes que debes estudiar ni sientes que debes comer acelgas. Habrá algún día que lo sentirás, pero es raro, y seguro que no tendrás constancia en comer verdura si no te lo propones en serio, si no te obligas. Sin embargo, si estudio y me saco unas oposiciones, me sentiré muy bien; si voy a entrenar y consigo una buena marca en la competición, me sentiré a tope; si vigilo lo que como, me entrará el traje de la boda del año pasado: qué bien me sentará y qué bien me sentiré. SI ME ESFUERZO EN AMAR, SENTIRÉ. «Vale, me voy a esforzar, pero sin obligaciones, no me rayes».

Si solo me dejo llevar por las apetencias, no conseguiré nada de nada en esta vida, porque cualquier cosa que merezca la pena requiere esfuerzo, requiere sacrificio, requiere obligarse, REQUIERE COMPROMETERSE.

Pero repito, a nadie le gusta que le obliguen. Pues nada, no le llamemos obligación, vamos a llamarle VOLUNTAD, que no te obligue nadie, que te obligues a ti mismo. Eso es la voluntad, nos da la capacidad de ponernos objetivos concretos y luchar para irlos alcanzando; al fin y al cabo, lo mismo: esfuerzo.

Si quieres triunfar, en lo que quieras, sí o sí te debes comprometer, y ¿por qué no queremos comprometernos en el amor y, sin embargo, muchas veces nos comprometemos en cosas mucho menos trascendentes? Nos levantamos pronto para hacer deporte, hacemos dietas imposibles, verdaderos sacrificios para conseguir cosas que no son, ni mucho menos, tan importantes como nuestro futuro matrimonio. Recuerda que, para los que tenemos vocación al matrimonio, que somos la inmensa mayoría de la sociedad, es, sin ninguna duda, la elección más importante de nuestra vida.

Creo que hay varias causas por las cuales la gente no quiere comprometerse. A mí se me ocurren tres, aunque puede haber muchísimas.

La primera es el miedo a perder la comodidad que disfrutamos: complicarnos la vida, perder independencia.

La segunda es el miedo al fracaso, a que la cosa no funcione.

La tercera es el entorno en el que vivimos, el «qué dirán» los que nos rodean, los respetos humanos.

Oímos a novios decir: «Ya estoy bien tal como estoy, qué pereza casarme». O incluso solteros, con los que muchas veces hablamos de noviazgo y nos comentan: «Ufff, ¡qué palo buscar novio/a! con lo bien que estoy así...». Esta expresión de los solteros no sé si es para disimular porque no encuentran a nadie o porque en el clásico grupo de amigos, habitualmente amigas, se lo pasan genial y no quieren dejarlo. Viajes, buenos restaurantes, el sueldo les da para vivir bien ellas solas, comparten piso con amigas, se montan mil planes y ni ellas hacen el intento de conocer a nadie, ni tampoco hay ningún valiente que intente entrar en ese grupo de amigas para conocer a alguna.

Esos grupos me aterran. Entiendo que lo paséis muy bien juntas pero... ¡¡¡un poco de aire!!! No tires el libro si tienes un grupo de amigas solteras de este tipo, pero ya me entiendes, a veces es más difícil lidiar con las amigas de la chica que te gusta que con la futura suegra.

O el típico soltero que está encantado consigo mismo (los hay muchos): solo piensa en salir, en estar guapo y cachas y no te digo nada si además se ha podido comprar un buen deportivo que se lo dejan aparcar a la puerta del bar de moda...

«Mira, Pep, muy bonito todo lo que cuentas, pero yo ya me obligo un montón entre semana: voy a tope con mis obligaciones profesionales, como para meterme en relaciones serias que me comprometan demasiado. *Carpe diem*. Qué palo, en serio, con lo que disfruto..., ya llegará el día, si ha de llegar, sin prisas». Y el personaje ya pasa de los cuarenta.

Otro tema es el miedo al fracaso. Se habla tan mal del matrimonio, que parece que a todo el mundo le tenga que ir fatal. No hace falta recurrir a muchos estudios sociológicos (perdonadme los entendidos en la materia). Te paseas por tu ciudad, entras en cualquier restaurante un fin de semana, vas a un centro comercial y la mayor parte de gente son parejas que, por su edad, forma de pasear y relacionarse, aseguraría que son estables. ¿Cuántos matrimonios de mediana edad se ven paseando por la calle cogidos de la mano? Un montón, yo conozco a mucha más gente felizmente casada que a matrimonios que se hayan separado o que estén muy mal... Dicen que en España se divorcian más del 50% de los matrimonios, pero eso no es cierto, o que me lo expliquen, porque yo no entiendo esas estadísticas. En España se casaron en 2022: 179.107 parejas y se divorciaron 84.551 entre nulidades, separaciones y divorcios (Instituto Nacional de Estadística de España INE 2022). Pero esos ochenta mil no son de los ciento ochenta mil que se han casado ese año, son de la inmensa cantidad de matrimonios que hay en el país. Es decir, que el porcentaje en relación al número total de matrimonios es muchísimo más bajo. Se casa poca gente, es verdad, cada vez menos, una pena; hay muchos divorcios, cierto, pero no te creas todo lo que te cuentan: no son el 50%. Pocas veces oirás a los medios de comunicación hablar bien del matrimonio o de la familia, te lo aseguro. Todos nos hemos acostumbrado a hablar mal del matrimonio, como si fuera un palo, y así no hay manera de motivar a nadie. Aunque muchos matrimonios vayan mal, el tuyo no tiene por qué ser uno de ellos si previamente haces las cosas como sabes que hay que hacerlas, si vives un noviazgo como debe ser para conocerse y discernir. Actuar con miedo es lo peor que podéis hacer, es necesario vivir la vida con optimismo, tocando con los pies en el suelo, eso siempre, y confiando en Dios.

Otra causa del miedo al compromiso es el «¿Qué dirán?»: una verdadera pandemia. Ese sí que es un virus muy arraigado que no hay vacuna que lo liquide. Sobre todo, en nuestro entorno europeo, y en España más, los respetos humanos nos afectan mucho: hacer o no hacer las cosas coaccionados por lo que digan o piensen los demás. Dudar de comprometerse en serio con alguien, de tener planes de boda, de vivir un noviazgo casto, de decir que somos novios... por lo que puedan opinar los otros, no tiene ningún sentido. Decídete, piensa las cosas, si eres creyente, rézalas, confía en la gente que te quiere bien, pero sé tú el que toma la decisión y, una vez tomada, sé consecuente.

El «todo el mundo lo hace» o el «nadie lo hace» son argumentos de inmadurez que no sirven, y que casi siempre acostumbran a ser falsos. No porque todo el mundo lo haga, lo tienes que hacer tú, y ni que fuera verdad que todo el mundo lo hiciera, que no lo es. Si una cosa está mal, no porque la haga todo el mundo deja de estar mal hecha. Tú tienes que decidir lo que debes hacer, y hacerlo. A eso se le llama tener personalidad, y además ser auténtico. ¿Tú qué quieres? Decide tú cómo quieres que sea tu vida, tu matrimonio, tu futuro... no la gente de tu alrededor. ¿Recuerdas los primeros capítulos? ¡Qué atractiva es una persona auténtica que no se deja arrastrar por el «qué dirán»!

Qué bien nos sentimos cuando, honestamente, tomamos una decisión que nos parece adecuada y nos esforzamos por ser coherentes con esa elección. La coherencia es una virtud muy atractiva; es la virtud de las personas auténticas, y ya lo hemos comentado antes: qué atractivo es ser auténtico y servicial. Lo que digo es lo que pienso, y es lo que intento hacer (y digo intento porque no es fácil: una cosa es la intención y otra, la vida misma). ¡¡A triunfar!!

Por cierto, aquí nos viene de perlas la cita del Evangelio de san Mateo que cuando la leo, siempre me interpela un montón, dice:

Entrad por la puerta angosta, porque amplia es la puerta y ancho el camino que conduce a la perdición, y son muchos los que entran por ella. ¡Qué angosta es la puerta y estrecho el camino que conduce a la Vida, y qué pocos son los que la encuentran! (*Mateo* 7, 13-14).

¡Ufff qué *heavy*!

Siempre me ha gustado leer el Evangelio como si participara de la escena, me lo enseñaron de pequeño y es una manera fantástica de meterte en las Escrituras.

Me imagino a toda «la peña» de excursión, mucha gente cantando y bailando por un sendero ancho. El camino es llano y no requiere esfuerzo, tú vas con ellos divirtiéndote y pasándolo bien. De repente, te das cuenta de que el camino correcto no es ese, que si seguimos por aquí, nos perdemos, ves claramente el atajo, es un sendero que sale a la izquierda, es estrecho y parece complicado. La verdad, de entrada «da palo», lo comentas con buenos amigos y lo consultas a alguien de confianza, algún veterano que tenga más experiencia, consultas el móvil y el GPS lo corrobora: no hay duda, claramente ese es el camino. Te imagino gritando para advertir a los demás, no vas a dejar que la gente se equivoque... «¡*Bros, bros*...! ¡Que es por aquí!». Pero entre música y copas la gente no te oye, o no quiere oírte, ni se giran. Al contrario, te tratan de loco y se van alejando por el camino entre risas y jolgorio. Quedáis cuatro, no más, os miráis y comentáis la jugada: ¿seguro? Más de uno se echa atrás y se va corriendo con el grupo (¡es muy raro que todos vayan para allá, seguro que es mejor eso...! Déjalo...). Cada vez sois menos, pero convencidos, al grito de «¡venga vamos!» empezáis la ascensión. Es un camino difícil pero espectacular, duro pero precioso, las vistas son increíbles, el paisaje es hermoso. Paráis a reponer fuerzas, os miráis y, entre sonrisas y abrazos de confidencia, entre sudores y alguna herida también, os dais cuenta de que estáis en el buen camino. Estáis orgullosos, el cielo está a tocar. No es fácil, pero merece la pena.

Y es que es así mismo. En nuestro entorno, querer vivir un noviazgo serio (que no aburrido), y prepararse para lo realmente importante que es el matrimonio, es realmente una opción contracorriente. Pero os aseguro que merece la pena, merece la vida, merece el cielo. ¿Somos pocos? Sí, es cierto, pero ya lo dice el Evangelio, somos pocos pero convencidos: ¡Venga, ánimo! ¡Vale la pena!

LAS DUDAS: ¿CÓMO SÉ QUE ES ÉL/ELLA?

Una de las preguntas más habituales sobre el noviazgo es: ¿cómo sé que es él?, ¿cómo sé que es ella?... Habitualmente se la hacen más las chicas, no por nada, sino porque os planteáis mucho más las cosas y le dais más vueltas a estos temas. Es una pregunta frecuente y lícita, la respuesta es imposible (no estoy respondiendo nada, ja, ja, ja). Nadie puede responder por ti, nadie tiene tu capacidad de discernir, es una decisión tuya y solo tuya, aunque algunas ideas te pueden iluminar.

Recuerdo una boda preciosa, Paco y María. El sacerdote en la homilía comentó el tema de tener dudas antes de tomar una decisión tan importante como casarse. Una elección que compromete tu vida. El resumen fue muy claro:

«Hasta el Consentimiento es normal tener dudas; después de casaros, NINGUNA».

Él nos comentó que las había tenido en el discernimiento de su vocación sacerdotal, y que había pasado sus temporadas de más o menos duda en su etapa en el seminario, pero, a partir del momento en que el obispo le impuso las manos en la ordenación, ninguna duda nunca más. En el matrimonio nos puede pasar lo mismo: dudamos, unas veces más y otras menos. Lo lógico es que, a lo largo del noviazgo, estas dudas vayan desapareciendo, porque cada vez veis más clara vuestra relación. Pero es habitual que, cuando se acerca la fecha de la boda, los nervios y la cercanía del evento nos puedan hacer dudar.

Conozco una novia que dejó al novio a los pies del altar, en el coche, camino de la iglesia decidió dar media vuelta ante la pregunta de su padre: «¿Lo tienes claro?». Un buen «fregao», pero más vale un segundo antes que un segundo después.

Es la decisión más importante de tu vida, hay que tomarla convencido.

Una vez leído el consentimiento, una vez te has casado, se acabaron las dudas, NINGUNA, no puedes dudar de una decisión que ya has tomado. Me parece genial, os habéis comprometido y sabéis que la elección y la gracia del sacramento, si queréis, van a sacar lo mejor de cada uno. EL FIRME CONVENCIMIENTO DE QUE VAS A TRIUNFAR EN TU MATRIMONIO es muy importante. Aparecerán otros quebraderos de cabeza, muchos, algunos difíciles, pero dudas sobre tu elección, ninguna, la elección está tomada y bien tomada. A partir de ahora ya partes de esa base, no la cuestiones, que las dificultades normales y las circunstancias no te la pongan en duda.

Otra idea para reflexionar sobre las dudas es que si la pregunta «¿será él / será ella?» es demasiado frecuente en tu cabeza durante el noviazgo, es que seguramente no es él/ella.

SI TE LO PREGUNTAS DEMASIADO, ES QUE NO ES ÉL/ELLA.

El noviazgo te debe dar paz. La pregunta recurrente te quita la paz, y lo que te quita la paz no es de Dios.

La respuesta definitiva a esta pregunta sobre las dudas de si es él/ella o no lo es (que a mí me gusta mucho pero sé que a vosotros no os va a gustar nada) es: CUANDO LO ES, LO SABES. Sí, ya sé que es una respuesta extraña y difícil de calibrar, pero muchas veces se la he dado a jóvenes que, después de decirme que les parecía una respuesta «cutre», al cabo de un tiempo me han escrito diciendo: «Me pasó, lo vi claro, es él».

Resumiendo, es lícito dudar pero, si dudas mucho,... ya sabes: ¡*Eject!*

COHABITACIÓN, EL DEPORTE NACIONAL

Se ha puesto de moda convivir antes de casarse argumentando: «¿Cómo voy a casarme con alguien sin antes ver si somos compatibles? ¡Hay que ver cómo funciona la convivencia!». Y también dicen que hay que «probarlo en la cama», no vaya a ser que «no me guste» cómo lo hace...

La primera idea clara es que la cohabitación no es garantía de éxito, hay muchos estudios que lo corroboran.

No porque durante esa temporada, más o menos larga viviendo juntos, funcione, tienes asegurado un matrimonio para siempre. Es más, los estudios demuestran que los que han cohabitado tienen aproximadamente un cinco por ciento más de posibilidades de divorcio que los que no conviven antes de casarse.

Hay que comentar, según los estudios, que las parejas que no conviven antes de casarse, la mayoría tienen firmes convicciones religiosas y entornos de familias bien estructuradas, y esto sí aumenta, y mucho, la garantía de éxito. ¿Qué quiere decir? Que lo importante no es la práctica o la convivencia, sino el convencimiento de lo que es el amor verdadero en el matrimonio.

EL AMOR NO SE PRUEBA, EL AMOR SE EN-TREGA.

Nunca podrás «probar» todas las situaciones que te deparará la vida, porque es lógicamente imposible. Esa época de irse a vivir con el novio acostumbra a ser genial: no tenemos hijos, somos jóvenes y estamos sanos, el sueldo nos da para vivir los dos tranquilamente, no tenemos demasiadas obligaciones económicas... Está claro que esta no es la realidad que nos espera en unos años.

Elegir una pareja para compartir tu vida es algo muchísimo más complicado, es imposible probarlo, de hecho no se puede practicar, es algo que se debe decidir.

Si nos casamos «en la prosperidad y en la adversidad, en la salud y en la enfermedad, y para toda la vida», ¿qué hay que probar? ¡Nada! Lo que hay que hacer es, más que PROBAR, CONOCER. Conocerse muy bien, a fondo, y saber con quién queremos compartir la vida; es más, tenemos que saber con quién queremos ser UNO.

El tema de probar para ver «si me gusta en la cama» tampoco es un buen argumento, porque si funciona y te entregas, ya te has entregado. Además, si te casaras «sin haber probado» y no pudieras tener relaciones sexuales por el motivo que sea, que es excepcional, el matrimonio sería nulo; o sea, que tampoco tenemos por qué probar nada. El tema de que te guste más o menos cómo «lo hace en la cama» las primeras veces, perdóname, es ridículo. Las relaciones sexuales van mejorando con el tiempo, la práctica, el cariño, la delicadeza y, sobre todo, el amor que pongamos en ellas, harán que cada vez nos gusten más, una maravilla que, como el buen vino, mejora con los años.

¡Bufff, voy a saco, pero es que no quiero andarme por las ramas, las cosas claras! Después tú haz lo que honestamente te parezca, pero decídelo porque lo has razonado, no porque todo el mundo lo hace o simplemente porque te apetece.

Las lunas de miel sin miel o LOS VIAJES DE NOVIOS PREVIOS A LA «LUNA DE MIEL» tampoco te los aconsejo. Quemamos etapas y es una pena, la «Luna de miel» es lo que es y pierde su encanto. Si eres católico y quieres casarte en la Iglesia, no inviertas los pasos, vive el noviazgo como lo que es, ya tendréis toda la vida para viajar… o no, no importa, lo que importa es muchísimo más importante.

Hay novios católicos que me comentan que viajan los dos solos pero no tienen relaciones sexuales. Me parece raro, deben de ser superhéroes con poderes especiales pero, aunque fuera verdad, tampoco es adecuado. Es un poco confuso el ejemplo que damos a otras parejas de novios más jóvenes, o incluso a nuestros familiares, hermanos menores y amigos.

Es que no es un tema de recetas, no es un tema de haz esto o no hagas aquello. Es un tema de entender que estamos llamados a una vocación increíble, la vocación al amor de verdad. Párate, piensa, reflexiona sobre el modo de comprender el camino de tu vida y el papel real del amor verdadero en ella. No es práctica, es amor.

Vivir un noviazgo para conocerse de verdad, no tener relaciones sexuales hasta el matrimonio, para saber seguro que será con él/ella, con el único. Casarse en la Iglesia, disfrutar de la luna de miel y todos los días a partir de entonces. Compartir todo para siempre, con el convencimiento de que la elección tomada es la correcta, y sintiéndote en paz y confiando en Dios es garantía de éxito. Merece la vida y la Vida Eterna, con mayúsculas.

Permíteme una comparación simple pero muy gráfica. Cuando os queréis comprar un piso y, después de varias visitas al inmueble, finalmente decidís adquirirlo, no puedes presentarte en la vivienda con unos botes de pintura, los sofás y tres cuadros y empezar a pintar las paredes con estuco veneciano, diciéndole al de la inmobiliaria que sí, que finalmente habéis decidido comprarlo.

El empleado te dirá: «Disculpe, señor. ¿Qué hace? No puede hacer eso».

«No, si se lo compramos seguro, ya nos hemos decidido, déjeme pintarlo».

«¿Usted está loco? Hasta que no pague, el piso no es suyo».

«Insisto, será nuestro piso, lo compraremos… lo tenemos claro».

«Quizá sea su piso, pero de momento no lo es, haga el favor de marcharse».

«Cada cosa a su tiempo y un tiempo para cada cosa»

Nos encontramos en cualquier lugar del mundo o quizá nos ha presentado un amigo común, hablamos y reímos, parece que nos atraemos, nos conocemos y nos enamoramos. Empezamos a salir, diciéndonos que nos queremos. Nos seguimos conociendo. Una vez nos baja el suflé del enamoramiento, y después de hablar a fondo de todos los temas importantes, conocemos las virtudes y defectos del otro. No solo los aceptamos, sino que, según nos vamos conociendo más, nos gustamos. Discernimos y tomamos una decisión, decidimos comprometernos. Nos preparamos a fondo para el matrimonio y es en el día de la boda, en el preciso instante de leer el consentimiento, cuando dejamos de ser dos para ser uno para siempre. Lo hacemos públicamente, que lo vea y lo sepa todo el mundo, con el sacerdote de testigo cualificado que dará fe de tan gran evento. Somos nosotros los que nos casamos, nos lo decimos el uno al otro delante de Dios. Nuestros mejores amigos y familiares dan testimonio de la locura de amor que acabamos de realizar, algunos suben cerca del altar para oírlo de nuestra propia voz como testigos. Nos entregaremos pase lo que pase y para toda la vida. Lo más grande que podemos hacer un hombre y una mujer es unirnos en matrimonio. No hay un motivo mayor de celebración, la fiesta es espectacular, se disfruta porque el amor se palpa, se siente. Acabada la «farra», la fiesta continúa en nuestra habitación. Nos entregamos totalmente, sin condiciones, el uno al otro, en cuerpo y alma, somos una sola carne. Nos reímos, somos novatos, la cosa necesita práctica... Nos vamos de viaje de novios, unos días increíbles para disfrutar. No son necesarias muchas visitas guiadas ni muchos kilómetros, el tenernos el uno al otro lo es todo... Una maravilla, nuestra vida ha cambiado, ahora somos nosotros una nueva familia con todos los planes e ilusiones por delante.

Una historia de amor con visos de eternidad, un regalo de Dios que pensó en nosotros así, a su imagen y semejanza... Como «al principio», como reflejan las Escrituras.

En estas cosas, el orden de los factores SÍ acostumbra a alterar el producto.

LA RELACIÓN
CON LA FAMILIA POLÍTICA

Este es un tema que da pie a muchas discusiones en los noviazgos, ya dijimos que era uno de los cinco temas a hablar a fondo. Voy a intentar darte algunas ideas a tener en cuenta para tener una buena relación con las familias amplias de los dos, recuerda mi premisa: «a la familia política hay que quererla, aunque no se lo merezca».

Lo más importante es tener claro que tú sales con tu novia, con tu novio, que no sales con su familia, el que te debe gustar es él/ella, y la familia es la que os toca, la tuya y la suya.

En tu vida, solo vas a elegir a una persona, solo una, UNA, tú no eliges a tus padres ni a tus hermanos, tampoco vas a elegir a tus hijos, eliges a tus amigos pero no te los metes en la cama. Solo hay que elegir a uno/a: NO LA CAGUES (perdón, pero para que quede claro). La familia política, y la tuya, es la que es, es la que te ha tocado. ¿Que no te gusta? Te aguantas, que para eso te educaron tus padres, para saber tratar bien a todo el mundo. Con paciencia y cariño podemos trampear con cualquier suegra. Se puede ser simpático incluso en una barbacoa familiar, con tíos y primos de tu novio, aunque no te apetezca nada. ¿Cuántas veces hay que hacer cosas que no apetecen? Y con buena cara, para que tu novia/o esté contenta/o, que por eso lo haces (qué rollo esto de poner la o/a cada vez, si en alguna me la he dejado, ya me entendéis).

Hablé con unos novios muy preocupados. La madre le dijo a su hija que no le gustaba un comportamiento de su novio y le pidió permiso para comentárselo ella misma, a lo que la novia le dijo que sí... craso error, ¡¡fatal!!... La futura suegra le dijo al chico algo que no le parecía bien, era un tema de pareja que debían tratar ellos dos y en el que la madre no debía meterse. Y todavía menos que la hija le diera permiso a la madre para hacerlo. Fue muchísimo peor la resolución del conflicto que el conflicto en sí, que no era más que una tontería. Aunque la madre y la hija lo hicieran con buena voluntad, el novio se sintió realmente mal y con razón. Los temas de noviazgo los hablamos nosotros, los novios, y si hay que hablar de algo importante con las familias respectivas, siempre se habla entre padres e hijos. En temas de relación con la pareja, nunca hay que decir nada a los suegros, ni ellos decírtelo a ti, a no ser que sea una situación extrema y muy grave que ocurre en contadas ocasiones. Cuando intervienen las familias en un noviazgo, se lía. Evitadlo.

Te enamoras de tu novio/a pero no te enamoras de su familia, aunque su familia es muy importante para él/ella. Por eso, siempre hay que ser muy delicado en este tema, porque uno puede decir: «Mi madre es muy pesada» y que, además, sea cierto; pero tú nunca puedes decir «Tu madre es muy pesada», aunque el otro lo acabe de decir hace un momento.

Es un buen indicador ver cómo es la familia de tu novio/a. Fijarse para tener una idea de cómo ha sido el ambiente donde ha crecido y, además, es evidente que es algo que nos influye. Lo que vivimos de pequeños, en casa, es determinante para nuestra formación. Hay que ver cómo trata a sus padres y hermanos, el cariño que se tienen entre ellos, también con sus abuelos y familia amplia. No olvidar el refrán popular «de tal palo tal astilla». En catalán decimos «els plats s'assemblen a les olles» (los platos se parecen a las ollas). Es evidente que no siempre se cumple, por eso es un refrán, menos mal... pero te puede servir de orientación.

Viendo a su madre, te puedes hacer una idea de cómo será su hija, o no... ja, ja, ja, ja.

No porque en tu entorno familiar los matrimonios hayan fracasado tiene que fracasar el tuyo. Aunque tus padres estén separados, no tiene por qué ocurrirte a ti. Es más, muchos hijos que han vivido, en su propia carne, la ruptura del matrimonio de sus padres, no quieren repetir el mismo patrón y dan la vida para que no les ocurra. En otras ocasiones, el haberlo vivido de cerca te facilita el justificarlo.

Es necesario hablar a fondo de este tema, sobre todo cuando procedemos de dos familias muy distintas en todos los aspectos: procedencia, religión, tradición, cultura, posición social, económica... Cuanto más distintos seamos, más tenemos que hablar y afrontar todos los temas sin miedo. No pueden quedar asuntos en el tintero, es evidente que el noviazgo puede funcionar pero hay que trabajarlo mucho más.

Los padres metomentodo

Muchas veces los padres se meten demasiado en las relaciones de sus hijos, bien porque no les gusta la pareja o porque son muy controladores. Como ya dijimos, debéis tener en cuenta su opinión, estemos siempre atentos a lo que nos quieren advertir nuestros padres, que nos conocen mucho y, en principio, quieren nuestro bien. Si es evidente que el control de los padres es exagerado, hay que poner distancia en el asunto, sin separar a nadie de su familia, por supuesto, pero hay que estar alerta. Es difícil valorar este aspecto, porque a veces pensamos que nos controlan demasiado y la realidad es que tienen razón, y lo hacen por nuestro bien. No os precipitéis ni discutáis, hablad del tema con serenidad.

Yo siempre aconsejo, si es posible, que una vez casados os distanciéis de las familias de origen. A pesar de que la relación con las familias sea perfecta, las intromisiones de los suegros y parientes en los nuevos matrimonios muchas veces son demasiado intensas. Recuerda, lo más importante es tu familia y, a partir del momento en que te casas, tu familia es la tuya, la nueva, la mejor. Hay que procurar crear un ambiente familiar propio que será el sello de identidad de nuestra familia.

Lo ideal es llevarse bien con todo el mundo y que un noviazgo sea siempre motivo de alegría para todos.

Si hay alguna madre controladora que está leyendo el libro, ya sabes, no seas plasta, orienta bien a tu hijo/a, pero déjale vivir. A nuestros hijos hay que educarlos para que sean hombres y mujeres de bien, se vayan de casa y mejoren la sociedad, y tú contenta y en casa, ayudando cuando te lo pidan... y si te lo piden.

GESTIÓN DEL NOVIAZGO: AMIGOS, AFICIONES Y SALIDAS

¡¡Temazo!! Uno se echa novia y desaparece. Es el comentario habitual entre los grupos de amigos.

No podemos dejar de tener amigos porque empecemos a salir con alguien, es básico mantener las amistades. También hay que tener claro que la situación ha cambiado, y eso lo debes entender tú y lo tienen que entender tus amigos. Ahora jugamos en otra liga. ¿Qué nos pasa? Que a veces tenemos amigos comunes y otras veces, no, están los amigos del novio y los amigos de la novia, y entre las familias políticas y los amigos de los dos, hay que encontrar un equilibrio.

No pierdas amigos y crea nuevas amistades. Aunque seas de un grupo de amigas de aquellas que no se separan ni para ir al baño, hay que entender que, cuando empiezas a salir con alguien, la cosa cambia. Es difícil que a tu novio le guste ir siempre con tus amigas, y entiendo que a ti te será difícil salir con los amigos de tu novio. Hay que saber encontrar un término medio. Pero esto ocurre siempre, los amigos van cambiando y, excepto aquel grupo íntimo de amigos que mantenemos toda la vida, las amistades varían con el tiempo y situación de cada uno. Lo que es imprescindible es no quedarse sin amigos.

Muchos, cuando se ennovian, se convierten en novios lapa, ya los hemos conocido. Desde que empiezan a salir van ellos dos solos todo el día, a todas horas, solo existen el uno para el otro, depende de la edad y situación de cada pareja, pero eso no es bueno para el noviazgo. Hay que hacer planes con amigos en común y cada uno por separado. Es evidente que los planes por separado deben ir disminuyendo y los planes en común, aumentando.

Practicar deporte juntos está muy bien si os gusta a los dos, pero no tenemos por qué compartir aficiones ni *hobbies*, cada uno puede tener los suyos. Lo que sí importa es demostrar interés por las apetencias del otro aunque no te atraigan de entrada.

Si a tu novia le gusta la fórmula uno, tú debes saber quien es Adrian Newey, y cuando quedáis a tomar algo, le espetas, como quien no quiere la cosa:

«Por cierto, pienso que el RedBull de esta temporada, el *flap* superior del alerón delantero tiene una inclinación demasiado marcada, no puede ser bueno para la degradación de los neumáticos» Silencio...

«Buaaa...».

Mírale la cara, va a alucinar, le va a encantar. ¡Cómo nos apasiona que los demás muestren interés por las cosas que nos gustan a nosotros, y si es nuestro/a novio/a, muchísimo más!

Si compartimos aficiones, genial, pero si no las compartimos, no pasa nada. No hay que compartir *hobbies*, hay que compartir la vida. Que nuestras aficiones y deportes no sean motivo de discusión, sino todo lo contrario. Hay que saber compaginar dedicación y tiempo a nuestras cosas, pero que eso no vaya en detrimento de nuestra relación. Hay que hablar y llegar a acuerdos para saber inquirir las apetencias de cada uno y alcanzar el bien de los dos.

Amigos íntimos del sexo contrario

Cuidado con los amigos íntimos del sexo opuesto. Vuélveme a llamar casposo, quema el libro. Cuando uno sale con alguien, no me parece bien quedar a solas con un amigo íntimo. Que lo puedes hacer, claro, pero a mí no me parece bien. Y lo que me parece fatal, y eso sí que creo que está mal, es explicar cosas íntimas de tu noviazgo a terceros, sean del sexo que sean. La exclusividad es un puntal del noviazgo y lo será del matrimonio. Los sentimientos son traidores, y me parece muy presuntuoso pensar que los tienes controlados. Puede ser que tú controles, pero es fácil que tu amigo íntimo, que tú te crees que solo es amigo/a, esté loco por ti.

Salir de fiesta

Salir de fiesta con los amigos es otro tema que sé que a algunos novios les preocupa. Todas estas cosas son asuntos básicos de conversación, de hablarlo, de acordar cómo queréis vivirlo y tener claro cómo queréis llevar vuestro noviazgo. Hay que prepararse para el matrimonio y tener más o menos claro cómo lo gestionaremos.

En general, en este tema, los hombres fallamos más y nos autoadjudicamos la necesidad de hacer deporte, o de salir, muchas veces sin comentarlo con la novia. Lo damos por sentado, «nos lo merecemos», y eso crea precedentes que muchas veces se repiten en el matrimonio. Cuando somos novios, no tenemos obligaciones, tampoco es un tema de pedir un permiso firmado, pero sí que es un tema de diálogo, de cariño, de delicadeza. Porque si damos cosas por normales, será muy difícil modificarlas cuando nos casemos.

Os voy a contar una anécdota, que hace rato que no cuento ninguna.

Un día fuimos dos matrimonios a cenar a casa de unos amigos, era un día entre semana, un jueves. Éramos jóvenes, llevábamos poco tiempo casados. Los anfitriones prepararon una buena cena y lo pasamos genial. Sobre las doce de la noche decidimos irnos a dormir. Cuando nos estábamos despidiendo en el rellano de la escalera, el marido anfitrión no estaba. A los pocos minutos apareció hecho un pimpollo, y nos invitó a mi amigo y a mí, solo a los hombres, a irnos de fiesta con él. Sorprendidos le dijimos que no, que era laborable y al día siguiente había que madrugar. Él nos dijo: «vosotros os lo perdéis, yo, todos los jueves salgo de marcha, es el mejor día de la semana, lo hago desde antes de casarnos, ¿verdad, cariño?». A lo que la mujer respondió asintiendo con una mueca, pero no me pareció verla muy conforme.

Nos fuimos a la cama sorprendidos, comentando que la situación era un poco exagerada, «todos los jueves» solo y de fiesta...

A los pocos meses, el matrimonio se separó. No te digo que no salgas los jueves de fiesta, pero ¿todos? y ¿tú solo?, ¿porque lo hacías de soltero?, no lo veo muy normal cuando ya estáis casados.

LAS BODAS
SON CARÍSIMAS

En este tema vamos a estar todos de acuerdo. Las celebraciones de las bodas son carísimas y, muchas veces, es la causa de que muchos no se casen.

No puede ser que unos novios no se casen por el dispendio del convite.

Lo realmente importante es casarse, es recibir el sacramento, para el cual solo se necesita a los novios, que son los que se casan (son los ministros del sacramento); el sacerdote, que ya hemos dicho que será un testigo cualificado, que dará fe de algo tan importante, y un testigo por parte del novio y otro por parte de la novia. Se le da al párroco un donativo y, si queréis, vais al bar de la esquina a tomar unas tapas, no hace falta más.

Gastamos muchísimo dinero en las bodas, se ha convertido en un negocio. Si te lo puedes permitir, me parece muy bien, es un acto digno de celebración, no hay acto más importante para celebrar, pero que el desembolso que hay que hacer no sea la causa de no casarse.

Recuerdo una pareja en un cursillo prematrimonial que nos dijo: «Teníamos unos ahorros y valoramos la posibilidad de casarnos, pero se nos planteó el dilema: ¿Nos casamos, o lo damos como entrada para la hipoteca del piso? Decidimos comprar el piso y ahora cinco años después hemos ahorrado para casarnos, y aquí estamos. No te creas, hemos tenido que pedir un crédito, los ahorros no daban para la celebración, está todo carísimo».

Ayer mismo vi en las noticias la celebración multitudinaria de una boda en una parroquia de Madrid. La «macroboda», así la llamaron. Eran dieciocho parejas, todas ellas con ganas de casarse pero que habían ido retrasando la celebración por distintos motivos, generalmente por tema económico. El párroco, don Javier Sánchez-Cervera, les animó a recibir el sacramento recalcando qué es lo realmente importante, lo que merece la pena. El acto fue una fiesta, los novios y la comunidad estaban muy agradecidos.

¿Qué es lo realmente importante? ¿El sacramento o el «fiestorro»? Si estás retrasando tu boda por motivos económicos, vete a hablar con el sacerdote de tu parroquia y cásate, no retrases algo tan importante por un tema tan banal.

Muchos no se casan cuando toca, realmente tenían la intención y la ilusión de hacerlo, pero la vida se nos come, los años vuelan y finalmente piensan: «ahora ya no sé...». ¡¡Cásate!!

TENER EJEMPLOS
Y SER EJEMPLO

No os dé vergüenza ser ejemplo de novios que se quieren, que desean hacer las cosas como Dios manda. Novios que quieren vivir un noviazgo en castidad, que quieren reservarse para entregar su cuerpo y su alma a una sola persona. Que nos entregamos el uno al otro delante de Dios el día que nos casamos, prometiéndonos amor y respeto para toda la vida, pase lo que pase, y nos ayudamos a llegar al Cielo los dos. Idílico pero no utópico, totalmente real y factible. Hay muchísima gente que ha vivido así y han sido muy felices, hay que buscar ejemplos y fijarse.

Si tú tienes una churrería y no vendes un p... churro, no hace falta contratar un «*coach* de churrerías». Te vas a la churrería del pueblo vecino, que vende churros a punta pala, y te fijas cómo lo hacen. Verás que no huele a fritanga, que lo tienen todo muy limpio, la chica que los sirve es muy simpática y el churrero, mientras los fríe, canta... Puedes preguntarles si tienes alguna duda, fíjate y aplícalo en tu churrería, seguro que te aumentarán las ventas «churriles».

Con los noviazgos y matrimonios pasa igual. Observa cómo viven, pregúntales, y si ves unos novios o una familia que te gusta, díselo, directamente: «Me encanta vuestro noviazgo, os felicito», «tenéis una familia fantástica», «qué bonita familia»... Si no nos felicitamos nosotros, ¿quién nos animará? Si tus padres o abuelos son un ejemplo para ti, díselo, dales las gracias y pregúntales cosas, ellos estarán encantados de responder, y tú te sentirás de maravilla, nos tenemos que animar.

Otro tema es la ayuda externa, así como para los churros no hacía falta un *coach*, en el noviazgo es ideal. No es fácil llevar un noviazgo solos. Si sois cristianos, es una pasada tener un director espiritual; si no lo sois, también, alguien de confianza al que le puedas consultar tus dudas, con quien podáis hablar. Que un sacerdote acompañe a una pareja de novios es fenomenal.

La gente dice, y a lo mejor tú también lo piensas: «¿Un sacerdote? ¿Qué dices? ¿Qué sabrá un cura del mundo de la pareja, si él no lo vive ni lo vivirá?».

Un sacerdote preparado es el mejor consejero, ha estudiado antropología, filosofía y teología, como mínimo; y lo más importante es que ha atendido a un montón de matrimonios y novios que le han confiado sus problemas.

Yo soy dentista, nunca he tenido un absceso dental, comúnmente llamado flemón, sin embargo soy especialista en el tema. Sin haberlo padecido nunca, estoy capacitado para resolver el problema. Sé qué antibiótico y/o antiinflamatorio hay que tomar, dosis y pauta, si seguimos con la medicación o la cambiamos, si hay que desbridar el absceso o esperar que remita. Después habrá que solucionar el origen del problema con la extracción, endodoncia o cirugía periapical de la pieza dental causante de la infección.

No tienes por qué vivir una situación para ser especialista en el tema, es más, lo importante no es haberlo vivido, sino haber visto a muchísima gente con el problema. Los estudios pertinentes y la visión de muchos casos te capacitan para dar soluciones.

Dejaos ayudar por gente con conocimientos, merece la pena para el bien de vuestro noviazgo.

Por cierto, el director espiritual debe ser alguien con criterio, externo a la relación, puede ser el mismo para los dos pero las charlas hay que tenerlas por separado.

SE ACABÓ

Tengo la sensación de haber escrito un libro muy antisistema, políticamente incorrecto. Muchas de las cosas que expongo no están de moda, lo vive poca gente y me lleva a pensar: «¿no seré yo el que está equivocado? ¿Será que empiezo a ser un viejo anticuado?» (No contestes que sí, que te veo). Y de hecho, me lo pregunto, me gusta mucho preguntarme las cosas.

Soy muy observador, incluso habéis visto que un poco cotilla. Me encanta mirar a la gente y preguntar. Si viera que la gente joven, viviendo la afectividad y la sexualidad como la viven, fueran mucho más felices, me callaría, pero no es así, y lo sabes. No veo a la gente contenta, te parecerá poco científico, pero recibo cientos de mensajes de gente muy preocupada por temas afectivos. Veo a la gente triste y pesimista, con serios problemas por haber tomado decisiones muy equivocadas, casi siempre por falta de información o criterio. Estoy convencido de que el mundo debe cambiar, y me comprometo a aportar mi granito de arena. Sé que soy muy pretencioso y un poco fantasma, pero los que me conocen, ya lo saben. Mi lema es «¡Vamos a cambiar las estadísticas, bailando!».

Hay mucha gente que sufre, tampoco hace falta un estudio sociológico muy profundo para darnos cuenta. Los trastornos mentales están a la orden del día y los jóvenes no se salvan. Al contrario, los psicólogos y psiquiatras tienen más trabajo que nunca. Sin embargo la sociedad nunca en la historia de la humanidad había tenido tantos medios y tanta riqueza, parece que lo tenemos todo, al menos los que vivimos en el primer mundo. Lo tenemos todo pero no somos felices, ¿qué nos pasa? Vamos como pollos sin cabeza, de aquí para allá sin parar, acelerados, estresados buscando y probando sin acertar.

Llevo treinta años como odontólogo y nunca había visto tantas fracturas dentarias por culpa del bruxismo, nunca habíamos hecho tantas férulas de descarga como ahora, todos apretamos y rechinamos los dientes, yo el primero. El estrés se nos come. Siempre más, más, no pares, sigue, sigue. *CHILL...* DEBERÍAMOS GRITAR. PARAR Y PENSAR: ¿QUÉ NOS PASA? ¿QUIÉNES SOMOS? ¿DE DÓNDE VENIMOS? ¿A DÓNDE VAMOS? Porque ¿sabes una cosa? UN DIA, TÚ Y YO NOS VAMOS A MORIR....

¿QUÉ NOS PASA?

Yo tengo claro el diagnóstico, hemos apartado a Dios de nuestra vida, ya no creemos en Él. Parece que no le necesitamos para nada, nos creemos dioses, lo tenemos y lo podemos todo. Cuanto más tenemos, más nos lo creemos. Además jugamos con el amor, lo hemos convertido en una distracción sentimental, en un pasatiempo... y con el amor no se juega.

Las ideologías postmodernas atacan de raíz al hombre, nos quieren confundir y muchos parece que no se dan cuenta.

Como decía san Juan Pablo II: «La tragedia del hombre de hoy es que se ha olvidado de quién es: ya no sabe más quién es». Es muy bestia esta afirmación y es de hace años.

Buff, qué pesimista estoy, ni de broma puedo terminar el libro con un mensaje de este tipo, todo lo contrario: vamos a cambiar el mundo. Vamos a hacer lo que toca cuando toca, vamos a contagiar alegría, la alegría de los hijos de Dios, sin sermones, sin broncas, tomando cervezas con mucha gente, saliendo a las calles, alegres, poniendo la otra mejilla siempre que sea necesario y pensando mucho más en los demás que en nosotros mismos.

«Quien no vive para servir, no sirve para vivir» (Santa Madre Teresa de Calcuta).

Novios, ¡ánimo! Recordad que es la elección más importante de vuestra vida, elegid bien, conoceos mejor, disfrutad de la juventud, pero no queméis etapas, que la vida está muy bien pensada, cada época tiene lo suyo. Que la doctrina de la Iglesia no está para fastidiar a nadie, sino para que, esforzándonos en cumplirla, seamos felices.

Cada vez veo más gente convencida, más jóvenes que demuestran interés por la familia, por el noviazgo, por la religión… Que después de haberlo probado todo a nivel humano, se encuentran con la fe que no conocían, y la descubren como un auténtico tesoro que les cambia la vida. Que se esfuerzan en ser coherentes, que buscan amigos y entornos que les ayuden, que saben que vivir la fe solos es muy difícil. Pero que viviendo así son muy felices y lo transmiten.

Poco a poco y con la ayuda de Dios, sin ninguna duda cambiaremos el mundo, el partido está ganado aunque a veces parezca que estemos en tiempo de descuento.

Ennoviados que habéis leído hasta aquí, casaos lo más jóvenes que podáis. Sin hacer tonterías, cuando se pueda, formad una preciosa familia, si Dios quiere, que será vuestro orgullo. Que vuestro marido, que vuestra mujer, sea lo más importante siempre. No hay nada, nada, que supere al AMOR y, cuando pasen los años, sin daros cuenta estaréis los dos sentados en el AVE para ir a visitar a los nietos, acariciándoos las jorobas mutuas, mientras un joven os filma un *reel* que tendrá cientos de miles de visitas en las redes sociales del futuro.

Estoy a vuestra disposición:
Instagram: @pepborrellv
e-mail: pepborrellv@gmail.com

«Más vale estar toda la vida soltero queriendo estar casado que estar casado queriendo estar soltero».

«Vive el presente para que en el futuro
no te arrepientas del pasado».
(Natalia Barcaiztegui)

«El enamoramiento soy yo, el amor eres tú,
el matrimonio somos nosotros».

«En el matrimonio: uno más uno es igual a uno».
(D. Jose Fernández Castiella)

«Haz lo que quieras pero hazlo porque quieres».

«Amar es querer el bien del otro».

«Yo me puedo comprometer a amar,
pero no me puedo comprometer a sentir».

«Soy yo el que siento, es a ti a quien amo».

«No cambia ni su padre,
lo que ves es lo que te llevas».

«Querer querer», «amar amar».

«Solo hay que escoger a uno/a, no la cagues».

«Amo porque amo, amo por amar».

«El noviazgo es para dejarlo».

«El botón *eject* siempre a mano».

«No te metas en berenjenales».

«Pide perdón, aunque estés seguro
de que la culpa es suya».

«El enamoramiento te viene, el amor te lo curras».

«El césped del vecino siempre parece más verde».

«Los días buenos los disfrutas,
los malos te acuestas temprano».

«¿Sexo seguro? Uno con una para siempre».

«Que te pille mirándole».

«Los enfados no se acumulan».

«A amar se aprende amando».

«Si a tu mujer le gusta la fórmula uno,
tú debes saber quién es Adrian Newey».

«En el matrimonio tener relaciones
sexuales es hacer oración».

«Las relaciones sexuales
en el noviazgo no tocan».

«La doctrina de la Iglesia no está para
fastidiarte, sino para que seas feliz».

«Cuando te curras el amor,
vuelve el sentimiento».

«¿Te acerca a Dios o te aparta de Dios?».

«¿Tu noviazgo saca lo mejor de ti?».

«La boda nunca es la solución a un mal noviazgo».

«Hoy me voy a enamorar: no lo puede decir nadie».

«Quan truquen a baix a dalt no hi ha ningú».

«El enamoramiento te deja ver
al principio lo que debe ser el final».
(Don José Pedro Manglano)

«Hay que poner más sentimiento en el
trabajo y más razón en el amor».

«No me caso porque te amo,
me caso para amarte».

«Si te gusta una pareja, un matrimonio
o una familia, díselo».

«Hablar mucho, rezar juntos y tocaros poco».

«Reza cada día por el novio/a que no tienes».

«Si no estás dispuesto a sufrir,
no estás preparado para amar».